本书为国家社会科学基金特别委托项目"全国生态文明先行示范区建设理论与实践研究：以湖州市为例"（编号:16@ZH005）的阶段性成果

工业化后期

宏观经济关系的阶段性审视

——来自中国及世界的实证

刘孝斌◎著

中国致公出版社
China Zhigong Press

图书在版编目（CIP）数据

工业化后期宏观经济关系的阶段性审视：来自中国
及世界的实证／刘孝斌著 . —北京：中国致公出版社，
2018
ISBN 978 - 7 - 5145 - 1287 - 8

Ⅰ . ①工… Ⅱ . ①刘… Ⅲ . ①中国经济 - 宏观经济 -
研究 Ⅳ . ①F123. 16

中国版本图书馆 CIP 数据核字〔2018〕第 113437 号

工业化后期宏观经济关系的阶段性审视
　　——来自中国及世界的实证

刘孝斌　著

责任编辑：尤　敏　王宏亮
责任印制：岳　珍

出版发行：中国致公出版社　China Zhigong Press

地　　址：北京市海淀区翠微路 2 号院科贸楼
邮　　编：100036
电　　话：010 - 85869872（发行部）
经　　销：全国新华书店
印　　刷：北京市金星印务有限公司
开　　本：710 毫米×1000 毫米　　　1/16
印　　张：10. 75
字　　数：127 千字
版　　次：2018 年 8 月第 1 版　　2018 年 8 月第 1 次印刷

定　　价：45. 00 元

自　序

我想以数年前写的一首诗——《心行》来表达此刻的心情。

心　行

刘孝斌

云霓似带山似衣，

碧草天涯柳絮飞。

桃花无情笑春风，

离人叹息故纸堆。

一朝一暮东流水，

一花一叶黛玉泣。

最恨羌笛边关月，

淘尽风沙淘尽泪。

转朱阁无眠是谁？

低绮户憔悴为伊。

晓风吹落杨柳枝，

斜阳碾碎断肠人。

又见山花红胜火，

又到燕子双飞时。

曾记秋山重染遍，

径幽风寒行客稀。

曾记汉江潮水声，

舟中相认不相识。

曾记武昌独行迹，

黄鹤感此代向西。

曾记龙兴湖畔竹，

段段空心亦无悔。

曾记美酒换韶光，

华发三千懒梳妆。

绿窗朱颜是观堂，

沧海蝴蝶岂玉溪。

陌上芦苇千千舞，

田间白鹭盈盈飞。

湘江一去千万里，

洞庭烟波漫天际。

风起叶落卷长沙，

雨后花残敲窗扉。

奏一曲琵琶行兮，

唱一首长恨歌矣。

多情江山无情泪，

恨也愁也酒一杯。

不见流萤梦中归，

凉夜何处声声碎。

不见众里千百度，

灯火阑珊无相欺。

　　书在古人眼里被称为"故纸堆"，因此这本书从出版的那一刻开始，就已经"故去"了。既已如此，那还有什么好说的呢？留给后人去评说吧。

谢孝武

2018 年 1 月于深圳

目 录
CONTENTS

▶ 第一章

工业化后期：
生态化与贫困化①

---

① 本书中的图表及公式都是在章节内按顺序编号，不按全书统一编号，下同。

一、问题提出

2013 年中国的人均 GDP 为 6994.8 美元，已经接近工业化后期临界值 10000 美元，北京（15116.7 美元）、天津（15841.8 美元）、上海（14587.6617 美元）、江苏（12152.9 美元）、浙江（11088.5 美元）五省市则越过临界值跨入后工业化阶段。2013 年中国第一产业占比 9.41%，越过工业化后期的临界值 10%，第二产业比重为 43.7%，第三产业比重为 46.9%。第三产业占比大于第二产业，已经跨过工业化后期的临界值达到了后工业化阶段的水平。2013 年中国的城镇化率为 53.7%，已经超过了工业化后期的临界值（50%）。因此从人均 GDP、产业结构、城市化率三个标准进行判断得出的结论是：中国已经无限逼近工业化后期的原点，即将整体踏入工业化后期，而部分省市（例如北京、上海、天津、江苏、浙江）早已提前进入工业化后期。事实上，早在 2013 年中国的经济车轮便朝向工业化后期快速前进。工业化后期与工业化其他阶段相比，许多领域将发生根本性变化，例如经济增长的驱动力、产业结构、经济贡献率排序等。然而无论从哪个角度切入观察中国经济在工业化后期的表现，两个无法绕开的关键词是：生态化与贫困化。工业化历程对生态环境带来的巨大破坏已转变成巨大的环境问题，并且这些环境问题正在逐渐演变成经济问题，甚至政治问题。中国共产党十八大报告以及十八届三中全会对生态文明进行突出强调，便是极力避免环境问题演变成政治问题后进一步失控，于是生态化作为一项政治战略在全国各地迅速展开。另一个关键词——贫困化，于我们并不陌生，时至今日中国的人均收入仍然徘徊在世界各国的中下游。改革开放三十多年的伟大成果被分解成人均指标后瞬间黯然失色，尤其是在收入差距持续扩张的背景下。对生态化与贫困化两者之间的关系在工业化后期（或者临近工业化后期）的表现进行阶段性审视，无疑会对新常态下中国经济的未来发展有指导性作用。本书以 2004—2013 年中国 31 个省级行政区的面板数据为样本，实证检验生态化与贫困化的关系，以为两者之间关系的阶段性审视提供一个清晰的镜头。

研究生态化与贫困化之间的关系者并不多，多数的学者以研究生态化与贫困化两者中其一为任务。生态化的概念可以粗略划分为产业生态化与企业生态化。产业生态化起始于名词 "Industrial metabolism"，即产业代谢。Ayres（1988）是产业代谢概念的首创者，他认为，在一个稳态下，通过劳动将能量、原料转化成最终产品、废物的系统过程即为产业代谢。产业代谢有两种基本分析方法：物质流分析与生命周期分析。通过这两种方法，可以评估产业代谢规模和强度对环境产生的影响。延续产业代谢理论，Frosch（1989）进一步提出产业生态系统，以描述自然生态系统和产业系统两者之间的高依存度，与此同时他强调实现人与自然和谐发展的路径在于建立资源节约、循环利用、资源替代等一体化生产方式。对产业生态化的评价见诸 Suh et al.（2005）、Seppalaa et al.（2005）、Bringezu（2001）、Odum（1996）等学者的研究，他们采用的是物质流能量流分析、生态效率分析、生态综合评价体系等评价方法。企业生态化研究多见于以微观的视角探讨企业生态化评价指标。WBCSD（2000）提出了 "Eco-efficiency" 指标，该指标的含义为 "产品及服务的价值总和/资源消耗"。Hanssen（1999）提出了 "Eco-effectiveness" 指标，以弥补 "Eco-efficiency" 指标的不足。

对于贫困化的研究延三条轨迹展开：贫困的定义、贫困的度量、贫困线的确定。Townsend（1993）分别从"维持生计""基本需要""相对剥夺"三个角度定义贫困。Rowntree（2000）提出了广义贫困概念，并用儿童死亡率作为衡量指标。Klugman（2002）提出从消费的角度对贫困进行衡量，其认为消费比收入更能准确、全面地反映贫困水平。Ringen（1998）认为收入是衡量贫困的直接指标，而消费是间接指标，两个指标应结合起来使用。Rowntree（2000）建立了一套绝对贫困线测算方法，即通过最低市场价格计算出绝对必要的生活成本。世界银行（1990）把一天一美元定为绝对贫困线，Atkinson et al.（2002）将各国收入中位数乘以 60％得出的结果定为贫困线。

从以上的文献看出，现有的研究沿着生态化与贫困化两条平行线延伸，鲜有交集。然而不容忽视的现实是：以掠夺资源获取收入、以生态保护的名义限制某些地区的经济发展、循环经济开辟了收入增加的新渠道等现象比比皆是。本书受现实的启迪，聚焦于生态化与贫困化两者的交集，探讨两者之间的实证关系，从而既拓展了生态化的研究视野，也拓展了贫困化的研究视野。这或许便是本书的小小创新之处。

二、数据与基本事实

（一）生态化的衡量及区域比较

对于生态化的衡量，过往的学者大都停留在理论探讨的阶段，实证分析者较少。本书借鉴陆根尧、盛龙、唐辰华（2012）的生态化衡量指标体系，选取指标体系中的两个指标：单位 GDP 废水排放量与单位 GDP 废气排放量作为中国各省份的生态化衡量指标[①]。

1. 以单位 GDP 废水排放量衡量的生态化水平

以单位 GDP 废水排放量衡量的生态化水平计算公式如下：

$$(WECO)_{it} = \frac{A_{it}}{(GDP)_{it}} \tag{1}$$

公式中，WECO 表示以单位 GDP 废水排放量衡量的生态化指数，A 表示废水排放总量（万吨），GDP 的单位为亿元，i 表示省份，t 表示年份。因此 $(WECO)_{it}$ 表示各省份在不同年份的生态化指数，WECO 指数值越大，则生态化水平越低，它是一个反向指标。2004—2013 年中国各省份的 WECO 指数见表 1-1。从表中看出，在时间维度上 WECO 指数呈现的是持续上升的总体态势，例如东部地区的北京 WECO 指数从 2004 年的 0.06152 上升到 2013 年的 0.13695，中部地区的湖南 WE-CO 指数从 2004 年的 0.02257 上升到 2013 年的 0.08014，西部地区的四川 WECO 指数从 2004 年的 0.02639 上升到 2013 年的 0.08579，WE-CO 指数的上升意味着生态化水平的倒退，因此我国的生态化水平在时间维度上呈现了逐步倒退的总体态势。在横向维度上，东部地区的 WECO 指数普遍高于中、西部地区，中部与西部地区的 WECO 指数大致相当。从图 1-1 中可以看出，2004—2013 年间东部地区的典型代表北京 WECO 指数明显高于中部地区代表湖南和西部地区代表四川。而湖南和四川的 WECO 指数大致相当。这意味着在区域分布上，生态化

---

① 陆根尧、盛龙、唐辰华（2012）构建了一个完整的产业生态化评价指标体系，涵盖经济社会发展水平、生态保护水平、资源消耗水平、污染排放水平、资源循环利用水平等五个一级指标。本书认为一个地区的生态化最直接的表现为污染问题，因此舍弃大而全的体系选取污染排放下面两个二级指标：单位 GDP 工业废水排放量与单位 GDP 工业废气排放量，作为中国各省份的生态化衡量指标。

水平呈现了从西向东退化的局面。

表 1-1　2004—2013 年各省份的 *WECO* 指数

地区	2004	2005	2006	2007	2008	2009	2010	2011	2012	2013
北京	0.06152	0.06900	0.07737	0.09133	0.09814	0.08631	0.10346	0.11172	0.12746	0.13695
天津	0.06392	0.06470	0.07585	0.09227	0.10974	0.12611	0.13526	0.16840	0.15570	0.17150
河北	0.04101	0.04801	0.05367	0.06104	0.06822	0.07035	0.07768	0.08801	0.08691	0.09148
山西	0.03810	0.04449	0.05473	0.05760	0.06843	0.06950	0.07778	0.09677	0.09019	0.09176
内蒙古	0.05785	0.06943	0.08973	0.10633	0.12065	0.13315	0.12612	0.14304	0.15505	0.15822
辽宁	0.03417	0.03680	0.04512	0.05052	0.06447	0.07005	0.08459	0.09570	0.10406	0.11604
吉林	0.03592	0.03694	0.04758	0.05400	0.05962	0.06634	0.07575	0.09098	0.09990	0.11084
黑龙江	0.04155	0.04835	0.05637	0.06519	0.07491	0.07770	0.08744	0.08351	0.08421	0.09442
上海	0.04176	0.04631	0.04750	0.05513	0.06288	0.06527	0.06915	0.08963	0.09205	0.09786
江苏	0.03219	0.03581	0.04273	0.05146	0.06078	0.06597	0.07457	0.08285	0.09037	0.10053
浙江	0.04141	0.04284	0.05179	0.05547	0.06126	0.06298	0.07021	0.07693	0.08235	0.09009
安徽	0.03209	0.03417	0.03717	0.04198	0.05248	0.05600	0.06692	0.06290	0.06768	0.07223
福建	0.02987	0.03086	0.03554	0.04074	0.04581	0.04974	0.06179	0.05554	0.07688	0.08440
江西	0.02878	0.03290	0.03703	0.04106	0.05018	0.05205	0.05883	0.06019	0.06436	0.06957
山东	0.05690	0.06551	0.07305	0.07712	0.08619	0.08765	0.08976	0.10232	0.10439	0.11167
河南	0.03413	0.04032	0.04598	0.05064	0.05828	0.05833	0.06438	0.07110	0.07333	0.07802
湖北	0.02422	0.02776	0.03291	0.03785	0.04376	0.04877	0.05897	0.06699	0.07667	0.08431
湖南	0.02257	0.02580	0.03262	0.03745	0.04616	0.05018	0.05982	0.07055	0.07282	0.08014
广东	0.03482	0.03533	0.04296	0.04599	0.05432	0.05744	0.06364	0.06773	0.06806	0.07244
广西	0.01569	0.01471	0.01894	0.01821	0.02033	0.02540	0.03061	0.05269	0.05308	0.06414
海南	0.02480	0.02605	0.03048	0.03567	0.04153	0.04409	0.05627	0.07061	0.07696	0.08788
重庆	0.02239	0.02388	0.02690	0.03483	0.03993	0.04440	0.06186	0.07616	0.08616	0.08968
四川	0.02639	0.02823	0.03706	0.04175	0.04803	0.05387	0.06711	0.07514	0.08416	0.08579

地区	2004	2005	2006	2007	2008	2009	2010	2011	2012	2013
贵州	0.03013	0.03602	0.04545	0.05233	0.06375	0.06614	0.07566	0.07317	0.07492	0.08688
云南	0.03936	0.04605	0.05196	0.05698	0.06787	0.07044	0.07853	0.06028	0.06694	0.07557
西藏	0.04895	0.05462	0.10829	0.10236	0.11545	0.12774	0.13267	0.13072	0.14969	0.16298
陕西	0.04189	0.04719	0.05771	0.05795	0.06974	0.07346	0.08752	0.10272	0.11226	0.12261
甘肃	0.03738	0.04423	0.05390	0.06099	0.06671	0.06875	0.08042	0.08476	0.08995	0.09744
青海	0.03262	0.02806	0.04124	0.03997	0.05094	0.04877	0.05973	0.07846	0.08609	0.09666
宁夏	0.02259	0.01710	0.02872	0.02470	0.03173	0.03274	0.04156	0.05331	0.06011	0.06690
新疆	0.03679	0.04106	0.05302	0.05135	0.05600	0.05541	0.06497	0.07933	0.08001	0.08383

数据来源：国家统计局网站（http：//www.stats.gov.cn/）。

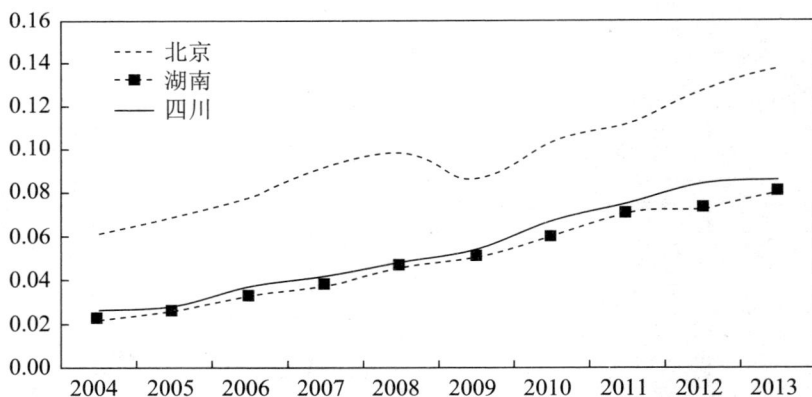

图 1-1　2004—2013 年北京、湖南、四川的 *WECO* 指数变化

数据来源：国家统计局网站（http：//www.stats.gov.cn/）。

2. 以单位 GDP 废气排放量衡量的生态化水平

以单位 GDP 废气排放量衡量的生态化水平计算公式如下：

$$(GECO)_{it} = \frac{B_{it}}{(GDP)_{it}} \qquad (2)$$

公式中，$GECO$ 表示以以单位 GDP 废气排放量衡量的生态化指数，B 表示二氧化硫排放总量（吨），GDP 的单位为亿元，i 表示省份，t 表示年份。因此 $(GECO)_{it}$ 表示各省份在不同年份的生态化指数，$GECO$ 指数值越大，则生态化水平越低，它同样是一个反向指标。2004—2013 年中国各省份的 $GECO$ 指数见表 1-2。从表 1-2 中看出，在时间维度上 $GECO$ 指数同样呈现的是持续上升的总体态势，例如东部地区的北京 $GECO$ 指数从 2004 年的 0.03159 上升到 2013 年的 0.22749，中部地区的湖南 $GECO$ 指数从 2004 年的 0.00646 上升到 2013 年的 0.03839，西部地区的四川 $GECO$ 指数从 2004 年的 0.00504 上升到 2013 年的 0.03232，$GECO$ 指数的上升意味着生态化水平的倒退，因此 $GECO$ 指数显示我国的生态化水平在时间维度上同样呈现了逐步倒退的总体态势。在横向维度上，东部地区的 $GECO$ 指数普遍高于中、西部地区，中部与西部地区的 $GECO$ 指数大致相当。从图 1-2 中可以看出，2004—2013 年间东部地区的典型代表北京 $GECO$ 指数明显高于中部地区代表湖南和西部地区代表四川。而湖南和四川的 $GECO$ 指数大致相当。这意味着在区域分布上，以 $GECO$ 指数衡量的生态化水平也呈现了从西向东退化的局面。

表 1-2　2004—2013 年各省份的 $GECO$ 指数

地区	2004	2005	2006	2007	2008	2009	2010	2011	2012	2013
北京	0.03159	0.03668	0.04612	0.06493	0.09037	0.10230	0.12267	0.16603	0.19051	0.22749
天津	0.01370	0.01474	0.01750	0.02147	0.02800	0.03178	0.03923	0.04897	0.05743	0.06660
河北	0.00594	0.00670	0.00742	0.00912	0.01190	0.01375	0.01653	0.01736	0.01981	0.02214
山西	0.00252	0.00279	0.00330	0.00434	0.00559	0.00580	0.00737	0.00803	0.00930	0.01009

地区	2004	2005	2006	2007	2008	2009	2010	2011	2012	2013
内蒙古	0.00258	0.00268	0.00318	0.00441	0.00594	0.00696	0.00837	0.01019	0.01147	0.01245
辽宁	0.00803	0.00672	0.00739	0.00905	0.01209	0.01447	0.01806	0.01974	0.02347	0.02650
吉林	0.01095	0.00945	0.01045	0.01325	0.01700	0.02005	0.02433	0.02558	0.02959	0.03420
黑龙江	0.01274	0.01085	0.01199	0.01378	0.01643	0.01751	0.02115	0.02411	0.02662	0.02955
上海	0.01703	0.01803	0.02081	0.02510	0.03155	0.03971	0.04794	0.07995	0.08843	0.10108
江苏	0.01210	0.01355	0.01667	0.02136	0.02742	0.03208	0.03943	0.04660	0.05450	0.06345
浙江	0.01431	0.01560	0.01830	0.02353	0.02896	0.03278	0.04087	0.04882	0.05540	0.06363
安徽	0.00971	0.00937	0.01047	0.01288	0.01592	0.01869	0.02323	0.02890	0.03313	0.03836
福建	0.01768	0.01422	0.01617	0.02075	0.02523	0.02916	0.03603	0.04512	0.05307	0.06058
江西	0.00666	0.00662	0.00760	0.00934	0.01196	0.01357	0.01697	0.02004	0.02281	0.02584
山东	0.00825	0.00917	0.01116	0.01415	0.01828	0.02131	0.02547	0.02482	0.02860	0.03358
河南	0.00681	0.00652	0.00761	0.00960	0.01241	0.01438	0.01725	0.01965	0.02320	0.02567
湖北	0.00814	0.00918	0.01002	0.01319	0.01691	0.02013	0.02524	0.02949	0.03575	0.04136
湖南	0.00646	0.00718	0.00823	0.01044	0.01376	0.01609	0.02001	0.02869	0.03435	0.03839
广东	0.01643	0.01743	0.02098	0.02641	0.03239	0.03688	0.04380	0.06277	0.07140	0.08200
广西	0.00364	0.00389	0.00477	0.00598	0.00759	0.00871	0.01059	0.02250	0.02586	0.03062
海南	0.03564	0.04176	0.04440	0.04899	0.06832	0.07508	0.07166	0.07745	0.08365	0.09803
重庆	0.00382	0.00414	0.00454	0.00566	0.00741	0.00875	0.01102	0.01706	0.02020	0.02334
四川	0.00504	0.00568	0.00678	0.00896	0.01098	0.01246	0.01520	0.02331	0.02762	0.03232
贵州	0.00128	0.00148	0.00160	0.00210	0.00288	0.00333	0.00401	0.00516	0.00658	0.00820
云南	0.00645	0.00663	0.00724	0.00894	0.01134	0.01236	0.01443	0.01287	0.01534	0.01784
西藏	0.22034	0.12440	0.14538	0.18057	0.19743	0.26588	0.13157	0.14508	0.16752	0.19459
陕西	0.00388	0.00427	0.00484	0.00621	0.00823	0.01016	0.01300	0.01365	0.01713	0.02010
甘肃	0.00349	0.00344	0.00417	0.00517	0.00631	0.00677	0.00747	0.00805	0.00987	0.01126

地区	2004	2005	2006	2007	2008	2009	2010	2011	2012	2013
青海	0.00638	0.00438	0.00499	0.00595	0.00755	0.00797	0.00942	0.01067	0.01231	0.01354
宁夏	0.00183	0.00179	0.00190	0.00249	0.00346	0.00431	0.00544	0.00512	0.00576	0.00661
新疆	0.00459	0.00502	0.00555	0.00608	0.00715	0.00725	0.00924	0.00866	0.00943	0.01018

数据来源：国家统计局网站（http：//www.stats.gov.cn/）。

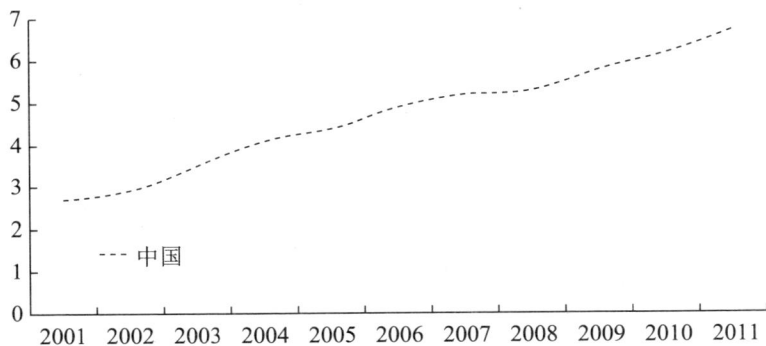

图 1-2　2004—2013 年北京、湖南、四川的 *GECO* 指数变化

数据来源：国家统计局网站（http：//www.stats.gov.cn/）。

（二）贫困化的衡量及区域比较

对于贫困化的度量，学者已经有比较丰富的研究。参照世界银行（2001）、Townsend（1979）等机构和学者将贫困定义为收入、食品等资源的"缺失"的观点，本书从食品支出和收入水平两个维度来衡量贫困化程度。

1. 以食品支出衡量的贫困化程度

$$(FPO)_{it} = \frac{A_{it}}{(EXP)_{it}} \qquad (3)$$

公式中，FPO 表示以食品支出衡量的贫困化程度，A 表示农村家庭人均食品消费支出（单位：元），EXP 表示农村家庭人均消费总支出（单位：元）[①]，i 表示省份，t 表示年份。因此 $(FPO)_{it}$ 表示各省份在不同年份的贫困化指数，FPO 指数值越大，则贫困化程度越高。在时间维度上，各地区的 FPO 指数变化轨迹呈现多样化。例如北京的 FPO 指数在 2002 年到 2013 年间出现了两个波谷：2003 年的 0.3211 与 2009 年的 0.3157，总体上是一条处于盘整状态的波浪线（如图 1-3 所示），表明北京的贫困化程度在时间维度上处于徘徊态势，既无明显上升，也无明显下降。上海的 FPO 指数在 2002 年到 2013 年间出现了两个波峰：2008 年的 0.4091 和 2011 年的 0.4088，总体上是一条螺旋式上升的曲线（如图 1-4 所示），表明上海的贫困化程度出现了微弱的上升。山西的 FPO 指数在 2002 年到 2013 年间是一条缓慢下降的曲线，从 2002 年的 0.4387 缓慢下降到 2013 年的 0.3304（如图 1-5 所示），表明山西的贫困化程度在逐年降低。在贫困化的区域分布上，东、中、西部地区并无明显的布局特征。例如东部地区的福建 2013 年的 FPO 指数达到 0.4418，超过了中部地区的河南、湖北、湖南等地以及西部地区的宁夏、青海、甘肃等地。宁夏 2013 年的 FPO 指数仅为 0.3115，低于绝大多数的东部、中部地区。因此贫困化在横向维度并无一致性特征，这表明贫困化已经突破了地域限制。

表 1-3　2002—2013 年各省份的 FPO 指数

地区	2002	2003	2004	2005	2006	2007	2008	2009	2010	2011	2012	2013
北京	0.3412	0.3211	0.3238	0.3266	0.3282	0.3332	0.3392	0.3157	0.3236	0.3244	0.3321	0.3465

---

① 本书之所有选择农村家庭为观察视角是基于这么一个事实：贫困人口的绝大多数集中在农村，因此农村家庭的贫困程度代表了各地区贫困程度的最低限。

地区	2002	2003	2004	2005	2006	2007	2008	2009	2010	2011	2012	2013
天津	0.3804	0.3825	0.3852	0.3858	0.3629	0.3866	0.4102	0.4325	0.4174	0.3533	0.3623	0.3486
河北	0.3892	0.3994	0.4251	0.4102	0.3669	0.3681	0.3817	0.3570	0.3515	0.3353	0.3387	0.3201
山西	0.4387	0.4327	0.4576	0.4423	0.3851	0.3853	0.3896	0.3706	0.3746	0.3771	0.3342	0.3304
内蒙古	0.4341	0.4129	0.4269	0.4310	0.3904	0.3931	0.4100	0.3978	0.3755	0.3753	0.3729	0.3554
辽宁	0.4500	0.4319	0.4641	0.4017	0.3790	0.3961	0.4061	0.3675	0.3818	0.3914	0.3834	0.3519
吉林	0.4409	0.4402	0.4561	0.4350	0.4007	0.4048	0.3957	0.3513	0.3673	0.3528	0.3668	0.3304
黑龙江	0.4160	0.4069	0.4085	0.3630	0.3528	0.3456	0.3297	0.3138	0.3379	0.3886	0.3786	0.3519
上海	0.3529	0.3535	0.3462	0.3688	0.3777	0.3685	0.4091	0.3712	0.3728	0.4088	0.4049	0.3748
江苏	0.3989	0.4136	0.4404	0.4399	0.4181	0.4114	0.4134	0.3920	0.3808	0.3508	0.3337	0.3313
浙江	0.4083	0.3817	0.3946	0.3794	0.3663	0.3574	0.3689	0.3637	0.3422	0.3728	0.3705	0.3564
安徽	0.4747	0.4603	0.4749	0.4552	0.4317	0.4330	0.4428	0.4088	0.4069	0.4146	0.3925	0.3965
福建	0.4586	0.4501	0.4671	0.4609	0.4516	0.4614	0.4638	0.4594	0.4615	0.4636	0.4598	0.4418
江西	0.5019	0.5169	0.5369	0.4914	0.4903	0.4982	0.4935	0.4555	0.4634	0.4520	0.4353	0.4226
山东	0.4196	0.4181	0.4186	0.3975	0.3789	0.3781	0.3806	0.3665	0.3754	0.3571	0.3426	0.3454
河南	0.4802	0.4816	0.4857	0.4541	0.4089	0.3801	0.3830	0.3602	0.3724	0.3610	0.3382	0.3445
湖北	0.4998	0.5168	0.5152	0.4906	0.4680	0.4786	0.4685	0.4479	0.4310	0.3901	0.3761	0.3676
湖南	0.5250	0.5195	0.5414	0.5199	0.4856	0.4960	0.5118	0.4893	0.4844	0.4524	0.4386	0.3838
广东	0.4761	0.4789	0.4881	0.4826	0.4856	0.4968	0.4903	0.4832	0.4768	0.4908	0.4905	0.4478
广西	0.5190	0.5134	0.5432	0.5051	0.4955	0.5018	0.5342	0.4868	0.4849	0.4381	0.4227	0.4005
海南	0.5913	0.5758	0.5889	0.5763	0.5336	0.5595	0.5333	0.5308	0.5004	0.5132	0.5046	0.4803
重庆	0.5579	0.5252	0.5604	0.5277	0.5219	0.5446	0.5330	0.4908	0.4828	0.4684	0.4416	0.4380
四川	0.5387	0.5390	0.5572	0.5472	0.5078	0.5225	0.5203	0.4203	0.4827	0.4623	0.4685	0.4224
贵州	0.5814	0.5693	0.5820	0.5281	0.5153	0.5217	0.5170	0.4517	0.4625	0.4764	0.4461	0.4296
云南	0.5592	0.5297	0.5400	0.5454	0.4878	0.4652	0.4960	0.4821	0.4721	0.4710	0.4561	0.4422
西藏	0.6375	0.6503	0.6399	0.6876	0.4824	0.4869	0.5244	0.4959	0.4971	0.5051	0.5365	0.5425
陕西	0.3785	0.3935	0.4242	0.4286	0.3898	0.3679	0.3745	0.3509	0.3425	0.2994	0.2972	0.3182

续表

地区	2002	2003	2004	2005	2006	2007	2008	2009	2010	2011	2012	2013
甘肃	0.4608	0.4386	0.4804	0.4720	0.4667	0.4680	0.4717	0.4128	0.4471	0.4224	0.3976	0.3709
青海	0.4795	0.4964	0.4852	0.4521	0.4307	0.4370	0.4212	0.3627	0.3823	0.3783	0.3481	0.3089
宁夏	0.4465	0.4155	0.4196	0.4404	0.4135	0.4031	0.4163	0.4168	0.3842	0.3729	0.3534	0.3115
新疆	0.4897	0.4553	0.4517	0.4177	0.3989	0.3995	0.4260	0.4155	0.4033	0.3614	0.3567	0.3386

数据来源：国家统计局网站（http：//www.stats.gov.cn/）。

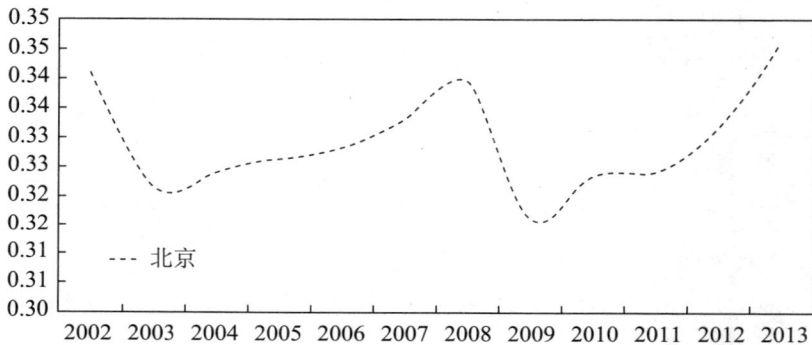

图 1-3 2002—2013 年北京的 *FPO* 指数

数据来源：国家统计局网站（http：//www.stats.gov.cn/）。

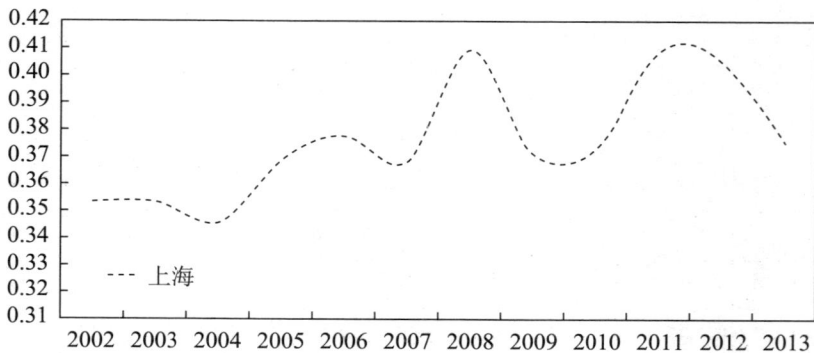

图 1-4 2002—2013 年上海的 *FPO* 指数

数据来源：国家统计局网站（http：//www.stats.gov.cn/）。

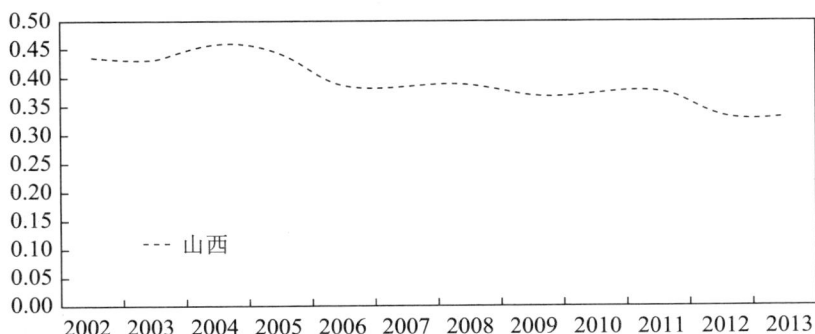

图 1-5 2002—2013 年山西的 FPO 指数

数据来源：国家统计局网站（http://www.stats.gov.cn/）。

2. 以收入水平衡量的贫困化程度

以收入水平衡量的贫困化程度计算公式如下：

$$(RPO)_{it} = LN(REV)_{it} \qquad (4)$$

公式中，RPO 表示以收入水平衡量的贫困化程度，LN 或者 Ln 表示自然对数，是一个数学运算符号，REV 表示农村家庭人均纯收入（单位：元）[①]，i 表示省份，t 表示年份。因此 $(RPO)_{it}$ 表示各省份在不同年份的贫困化指数，RPO 指数值越大，则贫困化程度越低，它是一个反向指标。在时间维度上，RPO 指数呈现了稳步上升的趋势，例如北京的 RPO 指数从 2002 年的 8.5939 逐渐提升到 2013 年的 9.8167，表明贫困化程度在持续降低。在区域分布上，东部地区的 RPO 指数普遍高于中部、西部地区，例如 2013 年天津的 RPO 指数为 9.6704，高于安徽的 8.9994，高于贵州的 8.6004。因此贫困化在地域分布上呈现了从东到西趋于严重的格局。

[①] 选择农村家庭作为观察视角的原因同上。

表 1-4 2002—2013 年各省份的 *RPO* 指数

地区	2002	2003	2004	2005	2006	2007	2008	2009	2010	2011	2012	2013
北京	8.5939	8.6308	8.7275	8.9020	9.0211	9.1527	9.2744	9.3647	9.4927	9.5980	9.7096	9.8167
天津	8.3614	8.4264	8.5211	8.6269	8.7368	8.8551	8.9760	9.0697	9.2178	9.4191	9.5486	9.6704
河北	7.8955	7.9563	8.0618	8.1552	8.2432	8.3648	8.4754	8.5467	8.6925	8.8706	8.9973	9.1162
山西	7.6731	7.7403	7.8593	7.9693	8.0649	8.2068	8.3181	8.3533	8.4630	8.6308	8.7572	8.8754
内蒙古	7.6430	7.7265	7.8657	8.0027	8.1143	8.2823	8.4460	8.5047	8.6179	8.8011	8.9374	9.0590
辽宁	7.9198	7.9843	8.1038	8.2134	8.3164	8.4708	8.6263	8.6925	8.8404	9.0236	9.1467	9.2613
吉林	7.7411	7.8361	8.0062	8.0907	8.2000	8.3408	8.5036	8.5690	8.7383	8.9240	9.0593	9.1717
黑龙江	7.7854	7.8276	8.0081	8.0775	8.1754	8.3266	8.4879	8.5577	8.7340	8.9347	9.0600	9.1731
上海	8.7361	8.8030	8.8631	9.0177	9.1203	9.2247	9.3449	9.4321	9.5452	9.6837	9.7872	9.8830
江苏	8.2890	8.3522	8.4667	8.5710	8.6679	8.7889	8.9033	8.9876	9.1180	9.2878	9.4094	9.5177
浙江	8.5052	8.5921	8.6902	8.8039	9.0004	9.0198	9.1332	9.2111	9.3328	9.4781	9.5855	9.6869
安徽	7.6580	7.6627	7.8238	7.8789	7.9960	8.1765	8.3434	8.4128	8.5727	8.7375	8.8763	8.9994
福建	8.1715	8.2252	8.3162	8.4007	8.4836	8.6065	8.7317	8.8069	8.9129	9.0801	9.2071	9.3223
江西	7.7435	7.8069	7.9326	8.0484	8.1489	8.3052	8.4547	8.5321	8.6636	8.8381	8.9656	9.0804
山东	7.9888	8.0553	8.1626	8.2765	8.3821	8.5142	8.6379	8.7191	8.8523	9.0291	9.1534	9.2705
河南	7.7033	7.7123	7.8451	7.9623	8.0898	8.2562	8.4016	8.4778	8.6168	8.7954	8.9260	9.0449
湖北	7.8014	7.8504	7.9690	8.0389	8.1372	8.2934	8.4460	8.5242	8.6712	8.8390	8.9685	9.0901
湖南	7.7823	7.8371	7.9508	8.0449	8.1285	8.2698	8.4146	8.4988	8.6344	8.7898	8.9147	9.0327
广东	8.2718	8.3076	8.3816	8.4533	8.5330	8.6348	8.7640	8.8403	8.9734	9.1454	9.2632	9.3647
广西	7.6072	7.6471	7.7429	7.8219	7.9268	8.0784	8.2135	8.2891	8.4214	8.5624	8.7008	8.8233
海南	7.7928	7.8587	7.9436	8.0077	8.0881	8.2405	8.3871	8.4647	8.5708	8.7712	8.9103	9.0291
重庆	7.6485	7.7028	7.8282	7.9407	7.9634	8.1632	8.3251	8.4070	8.5711	8.7765	8.9070	9.0279
四川	7.6533	7.7097	7.8316	7.9384	8.0072	8.1738	8.3239	8.4034	8.5344	8.7207	8.8539	8.9740
贵州	7.3065	7.3554	7.4510	7.5374	7.5932	7.7723	7.9363	8.0082	8.1525	8.3298	8.4665	8.6004

续表

地区	2002	2003	2004	2005	2006	2007	2008	2009	2010	2011	2012	2013
云南	7.3831	7.4367	7.5306	7.6216	7.7189	7.8763	8.0400	8.1225	8.2820	8.4600	8.5972	8.7228
西藏	7.2878	7.4330	7.5290	7.6391	7.7977	7.9332	8.0633	8.1695	8.3281	8.4979	8.6516	8.7915
陕西	7.3754	7.4240	7.5318	7.6269	7.7232	7.8803	8.0509	8.1425	8.3200	8.5228	8.6591	8.7800
甘肃	7.3717	7.4224	7.5241	7.5908	7.6658	7.7532	7.9098	7.9997	8.1388	8.2711	8.4133	8.5385
青海	7.4199	7.4923	7.5795	7.6739	7.7657	7.8950	8.0266	8.1156	8.2591	8.4357	8.5875	8.7317
宁夏	7.5587	7.6223	7.7494	7.8276	7.9230	8.0649	8.2110	8.3061	8.4500	8.5960	8.7291	8.8438
新疆	7.5301	7.6526	7.7164	7.8169	7.9147	8.0656	8.1613	8.2644	8.4431	8.6019	8.7631	8.8952

数据来源：国家统计局网站（http://www.stats.gov.cn/）。

三、模型与变量说明

在参照 Suh et al.（2005）、Seppalaa et al.（2005）、Bringezu（2001）、Odum（1996）以及 Ravallion（2000）、McKay and Lawson（2003）等研究成果的基础上，本书建立了如下两个计量模型，用以检验生态化与贫困化的关系。

模型一：

$$LN(WECO)_{it} = C + \beta 1 LN(FPO)_{it} + \beta 2 LN(CYJ)_{it} +$$
$$\beta 3 LN(HBT)_{it} + \beta 4 LN(EDU)_{it} + \beta 5 LN(TEC)_{it} +$$
$$\beta 6 LN(CSH)_{it} \quad + \quad \beta 7 LN(OPEN)_{it} \quad +$$
$$\beta 8 LN(SGM)_{it} +$$
$$\beta 9 LN(WECO) i,t-1 + \mu_{it} \qquad (5)$$

i：中国 31 个省级行政区；t：2004—2013 年。

模型二：

$$LN(FPO)_{it} = C + \beta1LN(WECO)_{it} + \beta2LN(CPI)_{it} +$$
$$\beta3LN(JTY)_{it} + \beta4LN(EDU)_{it} + \beta5LN(TEC)_{it} +$$
$$\beta6LN(CSH)_{it} + \beta7LN(OPEN)_{it} + \beta8LN(GDP)_{it} +$$
$$\beta9LN(FPO)i,t-1 + \mu_{it} \tag{6}$$

i：中国 31 个省级行政区；t：2004—2013 年。

模型一旨在检验工业化后期贫困化对生态化的影响，引入了产业结构优化程度、环保投入、教育水平、科技创新水平、城市化、对外开放水平、建筑业活跃程度作为控制变量，同时为了将其他未量化的因素纳入考察范围，将其他未量化的因素（主要是无形的影响因素，诸如制度、人文历史传统等）打包放在一阶滞后的生态化水平中。

模型二旨在检验工业化后期生态化对贫困化的影响，引入通货膨胀、基础设施状况、教育水平、科技创新水平、城市化、对外开放水平、经济总体水平作为控制变量，同时为了将其他未量化的因素纳入考察范围，将其他未量化的因素（主要是无形的影响因素，诸如制度、人文历史传统等）打包放在一阶滞后的贫困化水平中。

模型一与模型二中各变量的符号、含义、衡量指标详情见表 1-5。

本书采用的样本数据是中国临近工业化后期以来的面板数据，截面变量是中国 31 个省级行政区，时间变量是 2004—2013 年。样本数据的描述性统计情况见表 1-6。

表 1-5　变量说明

变量类型	变量符号	变量含义	衡量指标	参考文献
被解释变量/解释变量	WECO	生态化	单位 GDP 废水排放量	Seppalaa et al. （2005）

变量类型	变量符号	变量含义	衡量指标	参考文献
被解释变量/解释变量	PFO	贫困化	农村家庭人均食品消费支出占总支出的比重	Klugman（2002）
控制变量	CYJ	产业结构优化程度	第三产业增加值/GDP	Matsuyama（2009）
控制变量	HBT	环保投入	地方财政环境保护支出	Jaffe（1995）
控制变量	EDU	教育水平	每十万人口高等学校平均在校生数	Psacharopoulos（1985）、刘孝斌（2015）
控制变量	TEC	科技创新水平	技术市场成交金额	Bart（1990）、刘孝斌（2014）
控制变量	CSH	城市化	城镇人口/常住总人口	Lin and Chen（2011）
控制变量	$OPEN$	对外开放水平	经营单位所在地进出口总额（千亿美元）	Boarnet（1998）
控制变量	SGM	建筑业活跃程度	建筑施工面积	Yan et al（2010）
控制变量	$(WECO)_{i,t-1}$	其他无形的生态化影响因素	上一年的生态化水平	—
控制变量	CPI	通货膨胀	居民消费价格指数（上一年=100）	Clark（1995）
控制变量	JTY	基础设施状况	铁路营运里程	Aschauer（1989）
控制变量	GDP	经济总体水平	人均地区生产总值	Solow（1956）
控制变量	$(FPO)_{i,t-1}$	其他无形的贫困化影响因素	上一年的贫困化水平	—

表 1-6　变量的描述性统计①

Variable		Mean	Std. Dev.	Min	Max	Observations
WECO（万吨/亿元 GDP）	overall	0.0658455	0.0296752	0.0147092	0.1714999	N = 310
	between	—	0.020805	0.0313798	0.1163446	n = 31
	within	—	0.0214564	0.0014513	0.1210009	T = 10
FPO（顿/亿元 GDP）	overall	0.4249854	0.0668203	0.2972022	0.6875508	N = 310
	between	—	0.0572058	0.3293282	0.5398173	n = 31
	within	—	0.0358855	0.328494	0.5727189	T = 10
CYJ	overall	0.4099815	0.0830865	0.2830286	0.7751506	N = 310
	between	—	0.0811435	0.3044756	0.7389177	n = 31
	within	—	0.0226027	0.3493545	0.4841378	T = 10
HBT（亿元）	overall	710.0441	47.40557	4.77	307.78	N = 217
	between	—	35.59775	12.70429	169.9429	n = 31
	within	—	31.86359	−72.18876	208.8812	T = 7
EDU（人）	overall	2345.688	991.035	969	6750	N = 186
	between	—	987.0897	1101.5	5995.333	n = 31
	within	—	184.7648	1819.355	3100.355	T = 6
TEC（亿元）	overall	110.6187	290.6896	0.19	2851.72	N = 300
	between	—	248.9891	1.495	1353.799	n = 30
	within	—	156.112	−818.1803	1608.54	T = 10
CSH	overall	0.4971052	0.1491783	0.2071429	0.8960662	N = 279
	between	—	0.1476182	0.2214661	0.8901948	n = 31
	within	—	0.0330167	0.4284463	0.5691066	T = 9
OPEN	overall	8.36e+07	1.61e+08	199892	1.09e+09	N = 310
	between	—	1.51e+08	780122.4	7.02e+08	n = 31
	within	—	5.95e+07	−2.61e+08	4.74e+08	T = 10

---

①　本章采用 statall 软件对样本数据进行描述性统计。

Variable		Mean	Std. Dev.	Min	Max	Observations
SGM （万平方米）	overall	20426.46	28435.26	113.85	192982.1	N = 310
	between	—	25294.12	208.208	108604.4	n = 31
	within	—	13689.64	−44537.04	108446	T = 10
CPI	overall	103.2174	2.050105	97.7	110.1	N = 310
	between	—	0.3904353	102.4	104.35	n = 31
	within	—	2.013686	97.70742	108.9674	T = 10
JTY （万公里）	overall	0.2780519	0.1681557	0.02	1.02	N = 308
	between	—	0.1656359	0.037	0.783	n = 31
	within	—	0.0423784	0.115052	0.5150519	T−bar = 9.93548
GDP （万元）	overall	2.872516	1.881596	0.4297643	9.811148	N = 310
	between	—	1.48834	1.173447	6.725531	n = 31
	within	—	1.178884	−0.2760445	6.497047	T = 10

数据来源：国家统计局网站（http://www.stats.gov.cn/）。

四、实证检验

为了更全面地考察工业化后期阶段生态化与贫困化的关系，本书将样本数据分解成全国总体、东部地区、中部地区、西部地区四个子样本，以分析生态化与贫困化两者之间关系的区域差异性。因此本书将使用stata11软件对模型一与模型二分别按照全国总体、东部地区、中部地区、西部地区四个子样本进行实证检验。

（一）对模型一进行回归

面板数据估计方法分为三种类型：一般模型、固定效应模型、随机效应模型。按照全国总体、东部地区、中部地区、西部地区四个子样本对模型一分别采用一般模型、固定效应模型、随机效应模型三种估计方法进行检验，得出的估计结果见表1-7。

全国总体样本的估计结果中，Hausman检验值为0.00，P值为0.0000，没有通过显著性检验，B-P检验值为2.91，P值为0.0879，在10％的显著性水平上显著。因此可以判定：全国总体样本中，随机效应模型的估计结果可信度更高，本书将根据随机效应模型的估计结果进行分析。东部地区样本的估计结果中，Hausman检验值为32.89，P值为0.0001，在1％的显著性水平上显著，B-P检验值为2.91，P值为0.3798，没有通过显著性检验。因此可以判定：东部地区样本中，固定效应模型的估计结果可信度更高，本书将根据固定效应模型的估计结果对东部地区样本进行分析。在中部地区样本的估计结果中，Hausman检验值为14.56，P值为0.1037，没有通过显著性检验，B-P检验值为0.81，P值为0.3695，也没有通过显著性检验。因此可以判定：中部地区样本中，一般模型的估计结果可信度更高，本书将根据一般模型的估计结果对中部地区样本进行分析。西部地区样本的估计结果中，Hausman检验值为17.59，P值为0.0402，在5％的显著性水平上显著，B-P检验值为2.58，P值为0.1080，没有通过显著性检验。因此可以判定：西部地区样本中，固定效应模型的估计结果可信度更高，本书将根据固定效应模型的估计结果对西部地区样本进行分析。

表 1-7 模型一的回归结果①

WECO	全国总体			东部地区			中部地区			西部地区		
	一般模型	固定效应	随机效应	一般模型	固定效应	随机效应	一般模型	固定效应	随机效应	一般模型	固定效应	随机效应
PFO	0.02687	−0.33735	0.02687	−0.19863	−0.21814	−0.19863	−0.25934	0.24764	−0.25933	−0.05412	−0.60771	−0.05818
	(0.636)	(0.016)	(0.035)	(0.154)	(0.200)	(0.150)	(0.187)	(0.574)	(0.176)	(0.779)	(0.047)	(0.778)
CYJ	−0.10241	−0.50827	−0.10241	−0.21554	−0.24204	−0.21554	−0.14689	−0.59905	−0.14689	−0.17068	−0.88446	−0.22977
	(0.023)	(0.000)	(0.022)	(0.066)	(0.244)	(0.005)	(0.426)	(0.038)	(0.418)	(0.305)	(0.002)	(0.197)
HBT	−0.00010	0.03580	−0.00010	−0.02898	0.01713	−0.02898	0.10396	0.02527	0.10395	0.04491	0.03731	0.05025
	(0.995)	(0.202)	(0.995)	(0.177)	(0.568)	(0.173)	(0.127)	(0.721)	(0.114)	(0.497)	(0.670)	(0.471)
EDU	0.02646	−0.27061	0.02645	0.13212	−0.21129	0.13212	−0.33166	−1.5317	−0.33166	−0.00599	−0.33703	−0.01102
	(0.424)	(0.036)	(0.023)	(0.075)	(0.137)	(0.070)	(0.054)	(0.007)	(0.043)	(0.953)	(0.376)	(0.922)
TEC	0.00973	0.01100	0.00973	0.000965	0.00501	0.00096	−0.04289	−0.00061	−0.04289	0.00929	0.00678	0.01047
	(0.188)	(0.527)	(0.186)	(0.952)	(0.830)	(0.952)	(0.224)	(0.986)	(0.213)	(0.575)	(0.839)	(0.557)
CSH	0.07585	−0.13807	0.07585	−0.11944	0.01095	−0.11944	1.24411	2.03841	1.2411	0.08233	−0.30760	0.06802
	(0.194)	(0.672)	(0.092)	(0.380)	(0.980)	(0.377)	(0.026)	(0.035)	(0.019)	(0.473)	(0.652)	(0.615)
OPEN	−0.00142	0.12960	−0.00142	0.06818	0.21296	0.06818	0.01330	−0.05583	0.01330	−0.00797	0.13710	−0.00342
	(0.882)	(0.000)	(0.082)	(0.023)	(0.000)	(0.020)	(0.709)	(0.471)	(0.706)	(0.718)	(0.014)	(0.887)

① 注：表中数字下方的（）里的数值为 P 值，P 值小于 0.01 表明回归系数在 1% 的显著性水平上显著，P 值小于 0.05 表明回归系数在 5% 的显著性水平上显著，P 值小于 0.1 表明回归系数在 10% 的显著性水平上显著，P 值大于 0.1 表明回归系数不显著。

续表

WECO	全国总体			东部地区			中部地区			西部地区		
	一般模型	固定效应	随机效应	一般模型	固定效应	随机效应	一般模型	固定效应	随机效应	一般模型	固定效应	随机效应
SGM	-0.01812 (0.098)	-0.07621 (0.127)	-0.01812 (0.096)	-0.06539 (0.007)	-0.18765 (0.013)	-0.06539 (0.005)	0.02790 (0.668)	-0.33890 (0.139)	0.02790 (0.664)	-0.00870 (0.788)	-0.10055 (0.374)	-0.01470 (0.674)
$(WECO)_{i,t-1}$	0.86139 (0.000)	0.61494 (0.000)	0.86139 (0.000)	0.79756 (0.000)	0.37925 (0.000)	0.79756 (0.000)	0.43108 (0.010)	0.35408 (0.069)	0.43108 (0.005)	0.82589 (0.000)	0.64431 (0.000)	0.81532 (0.000)
_cons	-0.34123 (0.296)	-1.4675 (0.287)	-0.34123 (0.295)	-2.4283 (0.013)	-2.5174 (0.131)	-2.4283 (0.011)	0.86438 (0.506)	15.2591 (0.036)	0.86438 (0.500)	-0.47843 (0.479)	-1.5342 (0.693)	-0.59115 (0.442)
组内 R^2	—	0.8928	0.8614	—	0.9207	0.8736	—	0.9359	0.9059	—	0.9011	0.8715
组间 R^2	—	0.5722	0.9923	—	0.3228	0.9908	—	0.4998	0.9812	—	0.7023	0.9928
总体 R^2	0.9466	0.6802	0.9466	0.9480	0.5396	0.9480	0.9290	0.5418	0.9290	0.9515	0.7693	0.9511
F 检验	334.53 (0.0000)	130.47 (0.0000)	—	137.76 (0.0000)	72.26 (0.0000)	—	37.82	34.05 (0.0000)	—	121.96 (0.0000)	46.59 (0.0000)	—
H 检验	—	0.00 (1.0000)	—	—	32.89 (0.0001)	—	—	14.56 (0.1037)	—	—	17.59 (0.0402)	—
B-P 检验	—	—	2.91 (0.0879)	—	—	0.77 (0.3798)	—	—	0.81 (0.3695)	—	—	2.58 (0.1080)

贫困化对生态化的影响在四个子样本中呈现了较大差异。全国总体样本中，贫困化对生态化产生了显著的负向影响（WECO 为反向指标），影响系数为－0.02687，P 值为 0.035，在 5％的显著性水平上显著。这意味着在全国范围内，随着工业化后期的临近，贫困化加剧了生态环境的恶化。贫困化越严重的地区，往往越依赖于对资源的掠夺，这是贫困化作用于生态化的传导机制之一。于全国而言，这种传导机制占据两者关系的主导地位。东部地区样本中，贫困化对生态化产生了正向影响，影响系数为 0.21814，P 值为 0.200，没有通过显著性检验，因此东部地区贫困化对生态化的这种正向影响是不显著的。中部地区样本中，贫困化对生态化亦产生了正向影响，影响系数为 0.25934，P 值为 0.187，没有通过显著性检验，因此中部地区贫困化对生态化的正向影响也是不显著的。贫困化促使贫困地区对资源掠夺式的发展方式及制度存量进行反思，从而诱发改革，走上生态化的发展道路，这也是俗称"穷则变"的道理。很显然东部地区与中部地区在临近工业化后期阶段的过程中已经开始反思以往粗放式、掠夺式的增长路径，但是这种反思和改革尚处于量变过程中，未引发质变，因此是不显著的。西部地区样本中，贫困化对生态化产生了显著的正向影响，影响系数为－0.60771，P 值为 0.047，在 5％的显著性水平上显著。西部地区的工业化进程相对滞后，贫困化与生态化的同步在更大程度上而言是一种低水平均衡。

（二）对模型二的回归分析

同样按照全国总体、东部地区、中部地区、西部地区四个子样本对模型二分别采用一般模型、固定效应模型、随机效应模型三种估计方法进行检验，得出的估计结果见表 1-8。

表 1-8　模型二的回归结果①

FPO	全国总体			东部地区			中部地区			西部地区		
	一般模型	固定效应	随机效应	一般模型	固定效应	随机效应	一般模型	固定效应	随机效应	一般模型	固定效应	随机效应
WECO	0.01377 (0.444)	-0.13095 (0.002)	0.01377 (0.443)	0.00282 (0.948)	-0.12468 (0.177)	0.00282 (0.948)	-0.15105 (0.365)	-0.05793 (0.743)	-0.15105 (0.356)	0.02521 (0.444)	-0.11491 (0.038)	0.01969 (0.561)
EDU	-0.02230 (0.262)	-0.11409 (0.135)	-0.02230 (0.261)	-0.02082 (0.669)	-0.17836 (0.101)	-0.02082 (0.667)	-0.08424 (0.505)	0.57549 (0.050)	-0.08424 (0.499)	-0.09672 (0.034)	-0.12956 (0.458)	-0.10902 (0.020)
TEC	-0.00359 (0.364)	0.00011 (0.992)	-0.00359 (0.363)	-0.02774 (0.045)	-0.02267 (0.225)	-0.02774 (0.041)	0.00021 (0.989)	0.00490 (0.853)	0.00021 (0.989)	0.00139 (0.845)	0.00982 (0.554)	0.00297 (0.689)
CSH	0.12029 (0.015)	-0.44211 (0.040)	0.12030 (0.014)	0.23482 (0.017)	-0.14433 (0.687)	0.23482 (0.014)	0.11687 (0.680)	-1.2334 (0.034)	0.11687 (0.676)	0.42955 (0.006)	0.21901 (0.630)	0.44834 (0.004)
OPEN	0.01595 (0.000)	0.04276 (0.063)	0.01595 (0.000)	0.02770 (0.062)	0.16859 (0.040)	0.02770 (0.058)	-0.00524 (0.829)	0.03965 (0.356)	-0.00524 (0.827)	0.03539 (0.002)	0.02896 (0.380)	0.03797 (0.001)
CPI	0.80654 (0.000)	0.51151 (0.007)	0.80654 (0.000)	0.75457 (0.005)	0.03537 (0.929)	0.75457 (0.004)	0.76156 (0.018)	0.58951 (0.103)	0.76156 (0.011)	0.75684 (0.018)	0.71981 (0.030)	0.74480 (0.015)
JTY	-0.00848 (0.241)	-0.02727 (0.526)	-0.00848 (0.240)	-0.00189 (0.894)	-0.08974 (0.207)	-0.00189 (0.893)	-0.03820 (0.686)	0.11471 (0.415)	-0.03820 (0.683)	0.00041 (0.983)	-0.01737 (0.837)	-0.00089 (0.963)

① 注：表中数字下方（）里的数值为 P 值，P 值的含义同上。

续表

FPO	全国总体			东部地区			中部地区			西部地区		
	一般模型	固定效应	随机效应	一般模型	固定效应	随机效应	一般模型	固定效应	随机效应	一般模型	固定效应	随机效应
GDP	-0.09081 (0.000)	0.01675 (0.778)	-0.09081 (0.000)	-0.08345 (0.112)	-0.07246 (0.616)	-0.08345 (0.107)	0.01823 (0.871)	-0.09903 (0.481)	0.01823 (0.870)	-0.22767 (0.002)	-0.19085 (0.148)	-0.23637 (0.001)
$(FPO)_{i,t-1}$	0.85057 (0.000)	0.25970 (0.002)	0.85057 (0.000)	0.76877 (0.000)	0.35094 (0.003)	0.76877 (0.000)	0.76084 (0.000)	0.20067 (0.394)	0.76085 (0.000)	0.69536 (0.000)	0.04409 (0.762)	0.65955 (0.000)
$\_cons$	-3.7760 (0.000)	-3.6145 (0.001)	-3.7760 (0.000)	-3.7080 (0.008)	-2.8117 (0.075)	-3.7080 (0.006)	-3.4107 (0.031)	-9.4878 (0.001)	-3.4107 (0.023)	-3.0202 (0.052)	-3.6852 (0.069)	-2.9414 (0.050)
组内 R^2	—	0.6757	0.5654	—	0.5385	0.3982	—	0.8754	0.7830	—	0.7813	0.6837
组间 R^2	—	0.4576	0.9877	—	0.3145	0.9905	—	0.0631	0.9981	—	0.5286	0.9651
总体 R^2	0.8884	0.4865	0.8884	0.8992	0.3135	0.8992	0.9232	0.2547	0.9232	0.8800	0.6010	0.8796
F 检验	150.36 (0.0000)	32.64 (0.0000)	—	67.41 (0.0000)	7.26 (0.0000)	—	34.71 (0.0000)	16.39 (0.0000)	—	45.61 (0.0000)	18.26 (0.0000)	—
H 检验	—	76.46 (0.0000)	—	—	26.83 (0.0015)	—	—	19.41 (0.0219)	—	—	80.19 (0.0000)	—
B-P 检验	—	—	3.00 (0.0834)	—	—	1.74 (0.1877)	—	—	2.22 (0.1362)	—	—	0.05 (0.8224)

　　全国总体样本的估计结果中，Hausman 检验值为 76.46，P 值为 0.0000，在 1% 的显著性水平上显著，B-P 检验值为 3.00，P 值为 0.0834，在 10% 的显著性水平上显著。综合拟合优度、变量显著性进行判定：全国总体样本中，固定效应模型的估计结果可信度更高，本书将根据固定效应模型的估计结果进行分析。东部地区样本的估计结果中，Hausman 检验值为 26.83，P 值为 0.0015，在 1% 的显著性水平上显著，B-P 检验值为 1.74，P 值为 0.1877，没有通过显著性检验。因此可以判定：东部地区样本中，固定效应模型的估计结果可信度更高，本书将根据固定效应模型的估计结果对东部地区样本进行分析。在中部地区样本的估计结果中，Hausman 检验值为 19.41，P 值为 0.0219，在 5% 的显著性水平上显著，B-P 检验值为 2.22，P 值为 0.1362，没有通过显著性检验。因此可以判定：中部地区样本中，固定效应模型的估计结果可信度更高，本书将根据固定效应模型的估计结果对中部地区样本进行分析。西部地区样本的估计结果中，Hausman 检验值为 80.19，P 值为 0.0000，在 1% 的显著性水平上显著，B-P 检验值为 0.05，P 值为 0.8224，没有通过显著性检验。因此可以判定：西部地区样本中，固定效应模型的估计结果可信度更高，本书将根据固定效应模型的估计结果对西部地区样本进行分析。

　　生态化对贫困化的影响在四个子样本中表现出了一致性，即皆为正向影响（WECO 为反向指标）。全国总体样本中，生态化对贫困化的正向影响系数为 0.13095，P 值为 0.002，在 1% 的显著性水平上显著。东部地区样本中，生态化对贫困化的正向影响系数为 0.12468，P 值为 0.177，没有通过显著性检验。中部地区样本中，生态化对贫困化的正向影响系数为 0.05793，P 值为 0.743，没有通过显著性检验。西部地区样本中，生态化对贫困化的正向影响因素为 0.11491，P 值为 0.038，在 5％ 的显著性水平上显著。以上结果表明，临近工业化后期，生态化会加剧贫困化，这对于进入新常态的中国经济而言无疑是一个巨大的负担。生态化的提升促使资源利用效率的提高以及产业结构的优化，但这是以牺牲 GDP、牺牲工业、牺牲就业率等为代价的，因此生态化在短期会产生降低居民收入、加剧贫困化的后果。值得关注的是：生态化加剧贫困化的后果在全国总体和西部地区是显著的，但是在东部地区和中部地区并不显著，这与东部、中部地区在市场化改革、产业结构调整等方面较早破题有关。

五、本章结论及启示

中国正在步入工业化后期阶段，这已是大多数经济学家的共识。工业后期阶段与工业化其他阶段相比存在诸多根本性特征，对这些根本性特征的准确把握将是理解中国经济新常态的理论前提。在工业化后期阶段，生态化与贫困化将成为经济发展的两个关键词，对两者之间的关系进行阶段性审视无疑会收获不同于以往的结论，而这些结论对新常态下中国经济的走势而言会发挥指导性作用。这便是本书的研究意义所在。

本书从单位 GDP 废水排放量与单位 GDP 废气排放量两个角度观察中国自临近工业化后期以来的生态化状况，并进行区域比较。得出的结论为：以单位 GDP 工业废水排放量衡量的生态化水平在时间维度上呈现了逐步倒退的总体态势，在区域分布上呈现了从西向东逐渐退化的局面；以单位 GDP 废气排放量衡量的生态化水平同样呈现了逐步倒退的总体态势，在区域分布上也呈现了从西向东逐步退化的局面。

本书从食品支出和收入两个角度观察中国自临近工业化后期以来

的贫困化水平，并进行区域比较，得出的结论是：以食品支出衡量的贫困化程度在时间维度上呈现多样化的波动轨迹，并无一致性的趋势，在区域分布上东、中、西部地区之间亦无明显的布局特征；以收入水平衡量的贫困化程度在时间维度上呈现了稳步降低的趋势，在区域分布上呈现了从东到西趋于严重的格局。

　　本书选择中国自临近工业化后期以来的省级面板数据为样本，时间跨度为2004—2013年，截面为中国31个省级行政区。分别构建了两个计量模型用以检验生态化与贫困化之间的相互关系，得出的实证检验结论有以下几点。

　　贫困化对生态化的影响在全国总体、东部、中部、西部地区四个子样本中呈现了较大的差异性。全国总体样本中，贫困化对生态化产生了显著的负向影响，意味着就全国而言贫困化加剧了生态水平的恶化，而减贫措施能收到提升生态化水平的效果，这给减贫、扶贫政策提供了一个充足的理由；东部地区和中部地区样本中，贫困化对生态化产生了正向影响，但是不显著，西部地区样本中贫困化对生态化产生了显著的正向影响，这给我们的启示是在减贫过程中，东、中、西应注意政策的差异化，并且注意规避减贫政策带来的生态恶化的后果。

　　生态化对贫困化的影响在全国总体、东部、中部、西部地区四个子样本中呈现了一致性，皆为正向影响，但是显著性各异。全国总体和西部地区样本中生态化对贫困化的正向影响是显著的，然东部和中部地区样本中却不显著。这给我们的启示在于：临近工业化后期以来，生态化的提升会反过来加剧贫困化，因此在生态化推进过程中，配套安排相应的减贫措施对生态化的不良后果进行中和很有必要。

▶ 第二章

工业化后期:
生态化与法治化

一、问题提出

　　绿色发展是创新社会治理的关键之举。中国共产党十八届五中全会将"绿色发展"确定为十三五的"五大发展理念"之一，这给十三五的中国描上了一笔浓墨重彩的生态化色彩。然而不可忘记：中国共产党十八届四中全会将"依法治国"拉开了大幕。依法治国与绿色发展一前一后的呼应预示着法治化与生态化在十三五的中国将演出一段双簧好戏。生态化的推进需要法治化铺下坚实的道路，生态立法、生态执法、生态守法皆离不开法治化所构建的整体法治环境。只有整体法治环境得到改善，法治化对生态化的援助才会更有力。本书正是从发掘生态化过程所展现的法治化入手，通过国际面板数据来实证分析全球视野下法治化对生态化的影响，从而对当前中国如何把握生态化与法治化之间的关系提供借鉴。

　　对于生态化的研究起始于"Industrial metabolism"这个概念，Ayres（1994）是"Industrial metabolism"的创立者，他将"Industrial metabolism"解释为"将能量、原料转化成最终产品、废物的系统过程"。Frosch（1989）在"Industrial metabolism"的基础上提出了"产业生态系统"概念以研究产业生态化，而 Seppalaa et al.（2005）、Suh et al.（2005）、Odum（1996）、Bringezu（2001）等学者对产业生态化进行了进一步的拓展研究。在产业生态化的基础上，WBCSD（2000）提出了"Eco-efficiency"概念，以研究企业生态化。Hanssen（1999）提出了"Eco-effectiveness"概念以弥补"Eco-efficiency"的不足。

　　对于法治化的研究国内已数见不鲜，汪习根（2014）、江必新等

（2014）、张文显（2014）、周尚君（2014）等法学家早有论述①。而社会学家马克斯·韦伯也有形式合理性行为和形式法治的法律思维，赵震江在其《法律社会学》、李楯在其《法律社会学》中都有提及法治化。除法律社会学外，另外一个比较新颖的趋势在于：法律经济学的兴起，法律经济学为研究法学与其他学科交叉的问题提供了一个有效的工具。蔡吉甫（2012）研究了法治化与上市公司投资效率的关系，王向（2013）、姜磊等（2008）研究了法治化与服务业发展之间的关系。卢峰等（2004）提出了一个应用性颇广的法治化衡量指标：经济案件结案率，这算是定量分析法治化的先河。毛伟（2013）探讨了法治化过程中法治政府评价指标体系的构建。虽然法治化的研究在众多交叉学科得到体现，但是对于法治化与生态化之间的研究并未得到充分关注。本书从全球视野出发研究法治化与生态化的关系，对生态化进行法治化解析，既是对生态化研究的拓展，也是对法治化研究的拓展。这便是本书的创新之处。

二、数据与基本事实

（一）各国生态化的衡量及国际比较

对于生态化的衡量，过往的学者大都停留在理论探讨的阶段，实证分析者较少。本书在参照陆根尧等（2012）的生态化衡量指标体系

---

① 汪习根（2014）在主客体二元互动关系的逻辑链条中探讨法治中国的含义，江必新等（2014）用粗线条勾勒了法治社会建设的图景，张文显（2014）剖析了国家治理现代化的法治意味，周尚君（2014）从内在制度理论出发探讨了地方政府进行法治试验的制度前景及动力机制。法学家关注法治的眼光集中于内涵的界定、理论的演化、渊源的追溯以及适用性的裁量，大多借助于定性分析工具。

的基础上，选取两个指标作为各国生态化水平的衡量指标：人均二氧化碳排放量和单位 GDP 二氧化碳排放量。

1. 以人均二氧化碳排放量衡量的各国生态化水平

以人均二氧化碳排放量衡量的各国生态化水平计算公式如下：

$$(MCO)_{it} = \frac{C_{it}}{(MAN)_{it}} \tag{1}$$

公式中 MCO 表示以人均二氧化碳排放量衡量的生态化指数，C 表示二氧化碳排放总量（单位：公吨），MAN 表示人口数量（单位：人），i 表示国家（地区），t 表示年份。因此 $(MCO)_{it}$ 表示各国在不同年份的生态化指数，MCO 指数值越大，则生态化水平越低，它是一个反向指标。2001—2011 年世界主要国家的 MCO 指数见下表 2-1。在时间维度上，各国的的生态化指数呈现了多样化的变化趋势，例如中国的 MCO 指数从 2001 年的 2.7 持续上升到 2011 年的 6.7，变化趋势见图 2-1，这表明中国的生态化水平在持续退化；新加坡的 MCO 指数从 2001 年的 12 持续下跌到 2011 年的 4.3，变化趋势见图 2-2，这表明新加坡的生态化水平在不断提升；西班牙的 MCO 指数从 2001 年的 7.3 上升到 2005 年的 8.1 后，再下跌到 2011 年的 5.8，呈现了一个倒 U 型的变化趋势，见图 2-3，这表明西班牙的生态化水平经历了一个先退化再优化的曲折历程。从区域维度看，MCO 指数表现出明显的南北分化特征，即发达国家的 MCO 指数普遍高于发展中国家，图 2-4 比较了美国、德国与不丹、印度的 MCO 指数，美国和德国的 MCO 指数远超同期的不丹、印度，这意味着从 MCO 指数进行判断，发达国家的生态化水平普遍落后于发展中国家。

表 2-1 2001—2011 年世界主要国家（地区）的 *MCO* 指数

序号	国家和地区名称	2001	2002	2003	2004	2005	2006	2007	2008	2009	2010	2011
1	不丹	0.7	0.7	0.6	0.5	0.6	0.6	0.6	0.6	0.5	0.7	0.8
2	东帝汶	—	0.2	0.2	0.2	0.2	0.2	0.2	0.2	0.2	0.2	0.2
3	中国	2.7	2.9	3.5	4.1	4.4	4.9	5.2	5.3	5.8	6.2	6.7
4	中国澳门	3.9	3.4	3.4	3.8	3.9	3.4	3.1	2.6	2.8	2.2	2.1
5	中国香港	5.7	5.5	6	5.7	6	5.6	5.8	5.5	5.3	5.2	5.7
6	中非	0.1	0.1	0.1	0.1	0.1	0.1	0.1	0.1	0.1	0.1	0.1
7	丹麦	9.9	9.7	10.4	9.4	8.7	10.1	9.2	8.5	8.1	8.4	7.2
8	乌克兰	6.6	6.6	7.4	7.2	7.1	7	6.9	6.7	5.6	6.6	6.3
9	乌兹别克斯坦	4.9	5.1	4.8	4.7	4.3	4.4	4.4	4.4	3.9	3.7	3.9
10	乌干达	0.1	0.1	0.1	0.1	0.1	0.1	0.1	0.1	0.1	0.1	0.1
11	乌拉圭	1.5	1.4	1.4	1.7	1.7	2	1.8	2.5	2.4	1.9	2.3
12	乍得	0	0	0	0	0	0	0	0	0	0	0
13	也门	0.9	0.8	0.9	0.9	1	1	1	1	1	1.1	0.9
14	亚美尼亚	1.2	1	1.1	1.2	1.4	1.5	1.7	1.9	1.5	1.4	1.7
15	以色列	9.9	9.1	9.4	8.7	8.2	8.9	8.8	9.3	8.6	9	9
16	伊拉克	3.5	3.5	3.6	4.3	4.2	3.6	2.2	3.2	3.5	3.6	4.2
17	伊朗	6	5.9	6.1	6.5	6.7	7.2	7.3	7.5	7.6	7.7	7.8
18	伯利兹	2.8	1.4	1.4	1.4	1.5	1.5	1.5	1.5	1.5	1.7	1.7
19	佛得角	0.5	0.5	0.5	0.6	0.6	0.6	0.8	0.6	0.6	0.6	0.9
20	俄罗斯	10.7	10.7	11.1	11.1	11.3	11.7	11.7	12	11	12.2	12.6
21	保加利亚	5.8	5.7	6	6	6.2	6.4	6.9	6.8	5.7	6	6.7
22	克罗地亚	4.7	4.9	5.3	5.2	5.2	5.2	5.5	5.3	4.9	4.7	4.8
23	冈比亚	0.2	0.2	0.2	0.2	0.2	0.2	0.3	0.3	0.3	0.3	0.2
24	冰岛	7.4	7.6	7.5	7.6	7.4	7.5	7.4	6.7	6.4	6.2	5.9

序号	国家和地区名称	2001	2002	2003	2004	2005	2006	2007	2008	2009	2010	2011
25	几内亚	0.1	0.1	0.1	0.1	0.1	0.1	0.1	0.2	0.2	0.2	0.2
26	几内亚比绍	0.1	0.1	0.1	0.1	0.1	0.1	0.2	0.1	0.1	0.1	0.1
27	刚果（布）	0.2	0.2	0.3	0.3	0.4	0.3	0.3	0.3	0.4	0.5	0.5
28	利比亚	8.9	8.7	8.8	8.8	9	9.2	8.8	9.1	10	10.5	6.2
29	利比里亚	0.2	0.2	0.2	0.2	0.2	0.2	0.2	0.2	0.1	0.2	0.2
30	加拿大	17	16.6	17.5	17.3	17.4	16.9	17.1	16.4	15.1	14.6	14.1
31	加纳	0.4	0.4	0.4	0.4	0.3	0.4	0.4	0.4	0.3	0.4	0.4
32	加蓬	1.4	1.4	1.1	1.4	1.6	1.5	1.4	1.4	1.4	1.5	1.4
33	匈牙利	5.6	5.5	5.8	5.7	5.8	5.7	5.6	5.5	4.9	5.1	4.9
34	韩国	9.5	9.8	9.7	10	9.6	9.7	10.2	10.4	10.3	11.5	11.8
35	巴西	1.9	1.8	1.8	1.8	1.8	1.8	1.9	2	1.9	2.1	2.2
36	德国	10.4	10	10	9.9	9.7	9.8	9.5	9.5	8.8	9.2	8.9
37	意大利	7.9	7.9	8.2	8.2	8.2	8.1	7.9	7.6	6.8	6.8	6.7
38	新加坡	12	11.3	7.6	6.8	7.1	7	4	4.9	4.9	2.7	4.3
39	日本	9.5	9.5	9.7	9.9	9.7	9.6	9.8	9.4	8.6	9.1	9.3
40	法国	6.2	6.1	6.2	6.2	6.2	6	5.9	5.8	5.5	5.5	5.2
41	美国	19.7	19.6	19.6	19.7	19.6	19.1	19.2	18.5	17.2	17.5	17
42	南非	8.1	7.6	8.3	9.1	8.3	8.8	9.1	9.5	9.5	9	9.3
43	印度	1.1	1.1	1.2	1.2	1.2	1.3	1.4	1.5	1.6	1.6	1.7
44	印度尼西亚	1.4	1.4	1.4	1.5	1.5	1.5	1.6	1.8	1.9	1.8	2.3
45	泰国	3.2	3.4	3.6	3.9	3.9	4	4	4	4.2	4.5	4.5
46	澳大利亚	16.7	17.4	16.9	17	17.2	17.3	17.5	17.7	17.6	16.7	16.5
47	瑞典	5.7	6.4	6.1	6.1	5.7	5.5	5.3	5.3	4.7	5.6	5.5
48	瑞士	5.9	5.6	5.5	5.5	5.6	5.6	5	5.3	5.4	5	4.6

序号	国家和 地区名称	2001	2002	2003	2004	2005	2006	2007	2008	2009	2010	2011
49	英国	9.2	8.9	9	9	9	8.9	8.6	8.4	7.6	7.8	7.1
50	荷兰	10.5	10.7	10.8	10.9	10.5	10.2	10.5	10.5	10.2	10.9	10.1
51	葡萄牙	6.1	6.4	5.9	6	6.2	5.6	5.8	5.2	5.2	4.7	4.7
52	西班牙	7.3	7.6	7.6	7.9	8.1	7.9	7.9	7.2	6.2	5.8	5.8

数据来源：世界银行集团网站（http://www.worldbank.org.cn/）。

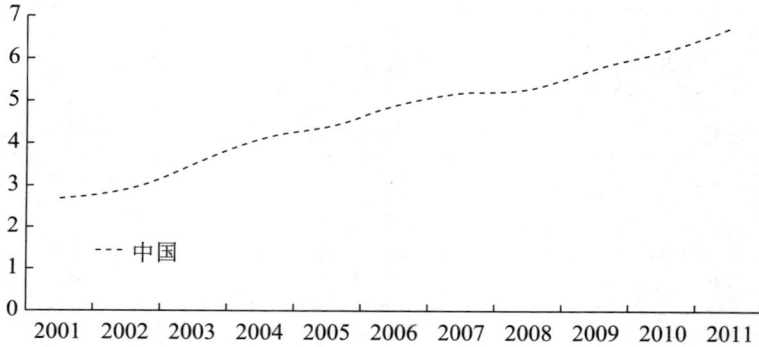

图 2-1　2001—2011 年中国的 *MCO* 指数变化趋势

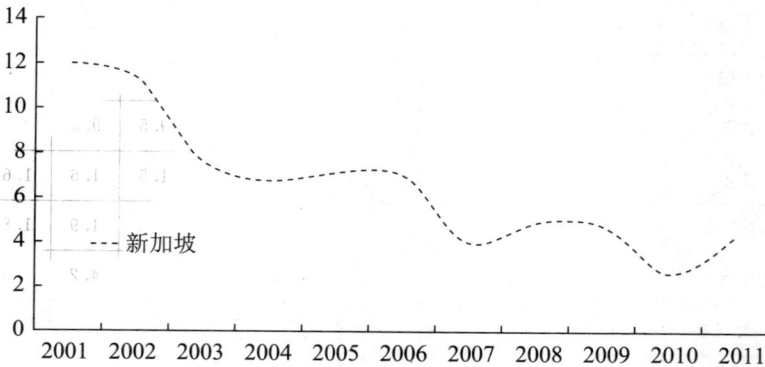

图 2-2　2001—2011 年新加坡的 *MCO* 指数变化趋势

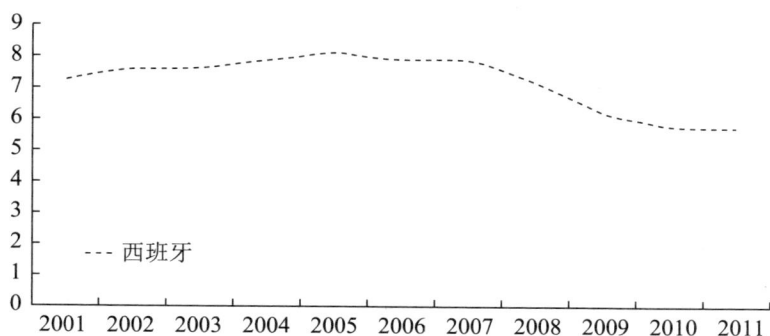

图 2-3　2001—2011 年西班牙的 *MCO* 指数变化趋势

数据来源：世界银行集团网站（http：//www. worldbank. org. cn/）。

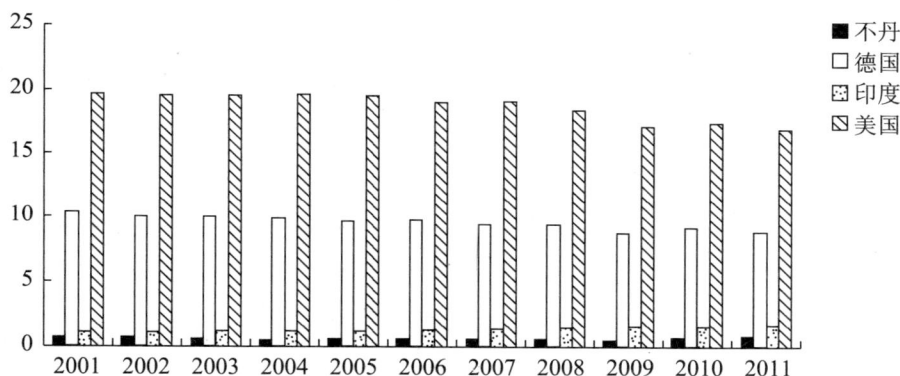

图 2-4　2001—2011 年美国、德国、不丹、印度四国的 *MCO* 指数比较

数据来源：世界银行集团网站（http：//www. worldbank. org. cn/）。

2. 以单位 GDP 二氧化碳排放量衡量的各国生态化水平

以单位 GDP 二氧化碳排放量衡量的各国生态化水平计算公式如下：

$$(GCO)_{it} = \frac{C_{it}}{(GDP)_{it}} \tag{2}$$

公式中 GCO 表示以单位 GDP 二氧化碳排放量衡量的生态化指数，C 表示二氧化碳排放总量（单位：公吨），GDP 的单位是万美元，i 表示国家（地区），t 表示年份。因此 $(GCO)_{it}$ 表示各国在不同年份的生态化指数，GCO 指数值越大，则生态化水平越低，它同样是一个反向指标。2001—2011 年世界主要国家的 GCO 指数见下 2-2 表。从时间维度看，世界各国的 GCO 指数呈现出了一致性的变化趋势，即逐步下降的趋势。中国的 GCO 指数从 2001 年的 26.18 下降到 2011 年的 12.04，变化趋势见图 2-5，美国的 GCO 指数从 2001 年的 5.27 下降到 2011 年的 3.42，变化趋势见图 2-6，卢旺达的 GCO 指数从 2001 年的 3.18 下降到 2011 年的 1.04，变化趋势见图 2-7。从区域维度看，GCO 指数同样表现出了明显的南北分化特征，即发达国家的 GCO 指数普遍低于发展中国家，如图 2-8 所示，中国、利比亚的 MCO 指数远超美国、英国，这意味着从 GCO 指数进行判断，发达国家的生态化水平普遍高于发展中国家。

表 2-2　2001—2011 年世界主要国家（地区）的 GCO 指数

序号	国家和地区名称	2001	2002	2003	2004	2005	2006	2007	2008	2009	2010	2011
1	不丹	8.17	7.78	6.08	4.38	4.84	4.37	3.28	3.35	3.08	3.08	3.08
2	东帝汶	—	3.63	3.55	3.78	3.58	3.89	3.27	2.75	2.24	1.96	1.63
3	中国	26.18	25.27	27.43	27.23	25.52	23.50	19.28	15.43	15.20	13.67	12.04
4	中国澳门	2.59	2.18	1.94	1.68	1.56	1.12	0.86	0.65	0.68	0.42	0.32
5	中国香港	2.24	2.22	2.48	2.27	2.23	1.99	1.89	1.76	1.73	1.59	1.62
6	中非	2.64	2.48	2.06	1.68	1.58	1.54	1.38	1.18	1.19	1.33	1.30
7	丹麦	3.21	2.91	2.57	2.01	1.78	1.94	1.57	1.33	1.39	1.46	1.18
8	乌克兰	84.62	75.17	70.26	52.88	38.76	30.30	22.52	17.28	22.18	22.32	17.54
9	乌兹别克斯坦	108.06	132.20	122.01	100.02	78.89	69.00	52.88	43.34	33.10	26.82	25.34
10	乌干达	2.78	2.70	2.70	2.33	2.53	2.67	2.54	2.22	1.99	1.91	2.04
11	乌拉圭	2.44	3.40	3.82	4.10	3.33	3.40	2.56	2.73	2.55	1.60	1.62

序号	国家和地区名称	2001	2002	2003	2004	2005	2006	2007	2008	2009	2010	2011
12	乍得	1.01	0.85	1.39	0.86	0.60	0.55	0.53	0.49	0.53	0.49	0.44
13	也门	16.49	14.74	14.69	13.61	11.96	10.90	8.31	7.27	8.28	8.32	7.17
14	亚美尼亚	16.72	12.81	12.22	10.19	8.88	6.86	5.50	4.77	5.04	4.55	4.89
15	以色列	4.91	4.99	5.01	4.41	4.04	4.11	3.56	3.19	3.12	2.96	2.69
16	伊拉克	—	—	—	31.15	22.73	15.16	7.00	7.08	9.34	8.05	7.20
17	伊朗	34.55	34.55	30.93	27.41	24.44	21.03	16.95	15.35	15.36	13.53	10.17
18	伯利兹	8.16	3.93	3.89	3.74	3.72	3.56	3.55	3.30	3.51	3.97	3.70
19	佛得角	3.71	3.96	3.11	2.86	3.01	2.78	2.44	1.60	1.78	1.76	2.28
20	俄罗斯	50.82	45.14	37.29	27.12	21.15	16.87	12.83	10.33	12.88	11.43	9.49
21	保加利亚	32.48	27.31	22.42	18.05	16.35	14.54	11.96	9.53	8.50	9.07	8.85
22	克罗地亚	8.89	8.14	6.79	5.54	5.09	4.59	4.06	3.32	3.44	3.50	3.30
23	冈比亚	4.10	5.45	6.47	5.58	5.17	5.14	4.96	4.26	4.84	4.97	4.67
24	冰岛	2.58	2.36	1.91	1.63	1.31	1.33	1.08	1.20	1.60	1.48	1.28
25	几内亚	4.58	4.49	3.89	3.66	4.02	4.03	2.93	4.43	4.57	5.25	5.12
26	几内亚比绍	3.82	3.70	4.07	3.80	3.63	3.65	3.32	2.63	2.85	2.81	2.23
27	列支敦士登	—	—	—	—	—	—	0.15	0.14	0.12	0.12	0.09
28	刚果（布）	2.74	1.91	2.62	2.04	2.04	1.45	1.45	1.10	1.78	1.60	1.56
29	刚果（金）	2.24	2.04	2.08	2.08	2.08	1.85	1.73	1.56	1.59	1.59	1.44
30	利比亚	14.10	23.35	18.72	15.20	11.01	9.92	7.88	6.42	9.89	8.83	11.25
31	利比里亚	9.75	9.37	13.01	13.43	13.67	12.57	9.17	6.78	4.57	6.21	5.77
32	加拿大	7.21	6.90	6.23	5.42	4.84	4.20	3.85	3.53	3.70	3.07	2.71
33	加纳	13.02	12.04	10.00	8.27	6.52	4.59	3.97	3.20	2.97	3.14	2.55
34	加蓬	3.55	3.35	2.22	2.39	2.30	2.05	1.60	1.33	1.77	1.55	1.25
35	匈牙利	10.64	8.33	6.97	5.57	5.19	5.02	4.04	3.50	3.77	3.92	3.48

序号	国家和地区名称	2001	2002	2003	2004	2005	2006	2007	2008	2009	2010	2011
36	南非	29.85	30.11	21.73	18.58	15.20	15.55	14.73	16.36	16.15	12.12	11.46
37	博茨瓦纳	7.89	8.25	5.68	4.89	4.65	4.60	4.30	4.55	4.29	4.09	3.10
38	卡塔尔	17.31	14.71	15.36	13.99	11.65	9.32	8.18	5.86	7.29	6.02	4.94
39	卢旺达	3.18	3.17	2.82	2.53	2.05	1.70	1.48	1.13	1.08	1.04	1.04
40	卢森堡	4.19	4.04	3.40	3.29	3.12	2.72	2.24	1.99	2.07	2.10	1.84
41	印度	24.37	23.41	20.73	18.69	16.92	15.85	13.01	14.65	14.40	11.42	11.30
42	印度尼西亚	18.38	15.68	13.49	13.15	11.96	9.47	8.69	8.08	8.40	5.79	6.32
43	韩国	8.45	7.65	6.85	6.31	5.15	4.65	4.42	5.06	5.64	5.18	4.90
44	巴西	6.03	6.53	5.75	5.04	3.89	3.14	2.60	2.29	2.21	1.90	1.68
45	德国	4.38	3.99	3.29	2.90	2.79	2.69	2.27	2.09	2.11	2.20	1.94
46	意大利	3.87	3.57	2.98	2.63	2.55	2.41	2.10	1.87	1.84	1.91	1.75
47	新加坡	5.55	5.14	3.21	2.49	2.38	2.08	1.01	1.24	1.24	0.57	0.81
48	日本	2.89	3.06	2.88	2.70	2.71	2.83	2.87	2.49	2.19	2.13	2.01
49	法国	2.76	2.53	2.09	1.83	1.77	1.64	1.41	1.27	1.32	1.35	1.18
50	泰国	17.50	17.02	16.28	15.64	14.53	12.76	10.73	9.71	10.60	9.35	8.78
51	澳大利亚	8.58	8.66	7.21	5.59	5.05	4.79	4.26	3.57	4.13	3.23	2.66
52	瑞典	2.13	2.18	1.65	1.43	1.33	1.18	0.99	0.96	1.02	1.08	0.93
53	瑞士	1.54	1.35	1.14	1.03	1.02	0.98	0.80	0.73	0.77	0.67	0.53
54	美国	5.27	5.15	4.93	4.70	4.43	4.12	4.00	3.82	3.66	3.61	3.42
55	英国	3.57	3.15	2.77	2.35	2.25	2.10	1.78	1.87	2.05	2.04	1.73
56	荷兰	3.94	3.70	3.06	2.73	2.56	2.32	2.06	1.86	1.97	2.18	1.88
57	葡萄牙	5.17	4.98	3.71	3.34	3.31	2.83	2.53	2.11	2.24	2.08	2.03
58	西班牙	4.76	4.46	3.54	3.17	3.05	2.77	2.42	2.01	1.92	1.89	1.81

数据来源：世界银行集团网站（http://www.worldbank.org.cn/）。

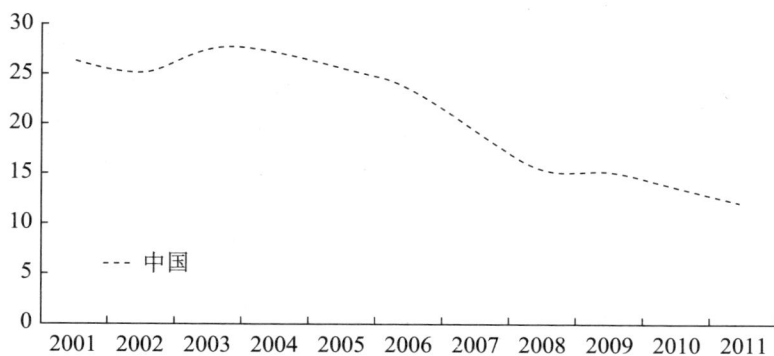

图 2-5 2001—2011 年中国的 *GCO* 指数变化趋势

数据来源：世界银行集团网站（http：//www. worldbank. org. cn/）。

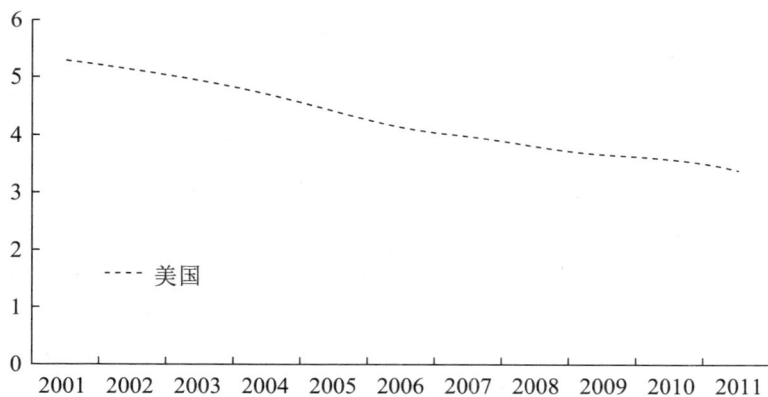

图 2-6 2001—2011 年美国的 *GCO* 指数变化趋势

数据来源：世界银行集团网站（http：//www. worldbank. org. cn/）。

43

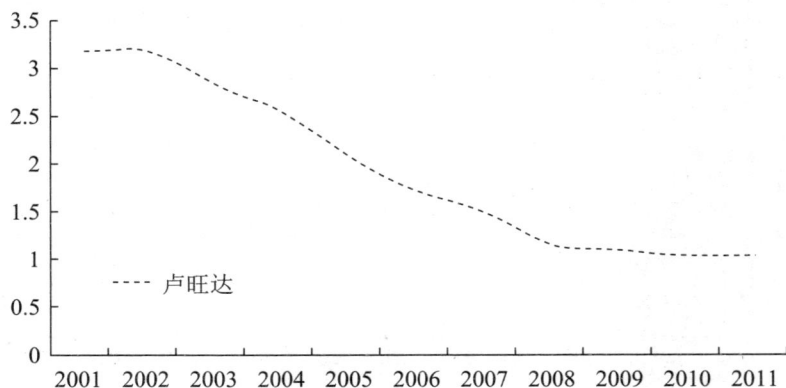

图 2-7 2001—2011 年卢旺达的 *GCO* 指数变化趋势

数据来源：世界银行集团网站（http：//www. worldbank. org. cn/）。

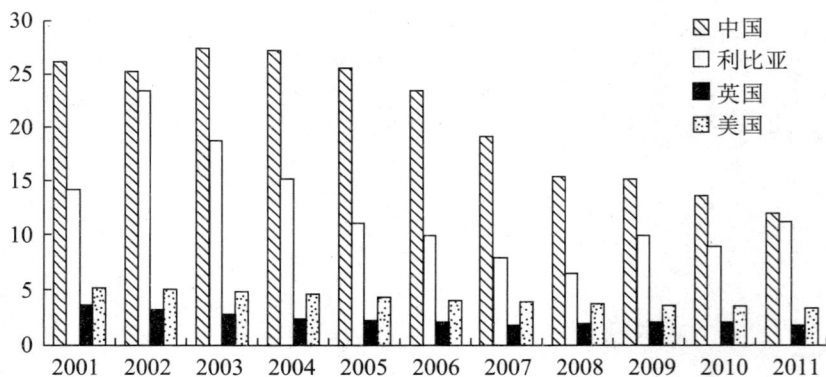

图 2-8 2001—2011 年中国、利比亚、英国、美国的 *GCO* 指数比较

数据来源：世界银行集团网站（http：//www. worldbank. org. cn/）。

（二）各国法治化的衡量及国际比较

对于各国法治化水平的衡量，本书采用世界银行的两个指标：法律权利力度指数（0＝弱，12＝强）①和公共征信系统覆盖（成年人所占百分比）②。

1. 以法律权利力度指数衡量的法治化水平

本书用（LAW）$_{it}$表示用法律权利力度指数衡量的各国不同年份的法治水平，i 为国家（地区），t 为时间。2013—2015 年世界主要国家（地区）的 LAW 指数见表 2-3。从表 2-3 中的数据看出，LAW 指数并未表现出明显的地域特征，也未与各国的经济发展水平保持一致。以新西兰、美国、卢旺达、柬埔寨、加拿大、阿富汗、越南、英国、印度、瑞士、尼泊尔、老挝 12 国为例，处于发展中国家的印度、卢旺达、柬埔寨、阿富汗、越南、尼泊尔、老挝在 LAW 指数上并不比处于发达国家的新西兰、美国、加拿大、英国、瑞士逊色，如图 2-9 所示，这表明法治水平具有脱离经济发展水平的相对独立性。

表 2-3　2013—2015 年世界主要国家（地区）的 LAW 指数

序号	国家和地区名称	2013	2014	2015
1	不丹	4	4	4
2	东帝汶	0	0	0
3	中国	4	4	4

---

① 世界银行对法律权利力度指数的解释为："法律权利力度指数衡量的是担保品法和破产法通过保护借款人和贷款人权利而促进贷款活动的程度。指数范围由 0 至 12，数值越高表明担保品法和破产法越有利于获得信贷。"详见世界银行集团网站：http://data. worldbank. org. cn/indicator/IC. LGL. CRED. XQ/countries。

② 世界银行对公共征信系统覆盖的解释为："公共征信系统覆盖负责报告由该系统列出的个人或公司，提供其还款记录、未偿付债务或信贷余额的最新信息。该数量以占成年人口的比例表示。"详见世界银行集团网站：http://data. worldbank. org. cn/indicator/IC. CRD. PUBL. ZS/countries。

序号	国家和地区名称	2013	2014	2015
4	中国香港特别行政区	7	7	8
5	中非	6	6	6
6	丹麦	8	8	8
7	乌克兰	8	8	8
8	乌兹别克斯坦	1	1	6
9	乌干达	6	6	6
10	乌拉圭	4	4	4
11	乍得	6	6	6
12	也门	0	0	0
13	亚美尼亚	5	5	5
14	以色列	6	6	6
15	伊拉克	1	1	1
16	伊朗	2	2	2
17	伯利兹	4	4	4
18	佛得角	2	2	2
19	俄罗斯	4	4	6
20	保加利亚	9	9	9
21	克罗地亚	5	5	5
22	冈比亚	4	4	4
23	冰岛	5	5	5
24	几内亚	6	6	6
25	几内亚比绍	6	6	6
26	刚果（布）	6	6	6
27	刚果（金）	6	6	6

序号	国家和地区名称	2013	2014	2015
28	利比亚	0	0	0
29	利比里亚	4	4	8
30	加拿大	9	9	9
31	加纳	7	7	7
32	加蓬	6	6	6
33	匈牙利	6	10	10
34	南苏丹	2	2	2
35	南非	5	5	5
36	博茨瓦纳	5	5	5
37	卡塔尔	1	1	1
38	卢旺达	9	11	11
39	卢森堡	3	3	3
40	印度	6	6	6
41	印度尼西亚	4	4	5
42	韩国	5	5	5
43	巴西	2	2	2
44	德国	6	6	6
45	意大利	2	2	2
46	新加坡	8	8	8
47	日本	4	4	4
48	法国	4	4	4
49	泰国	3	3	3
50	澳大利亚	11	11	11
51	瑞典	6	6	6

序号	国家和地区名称	2013	2014	2015
52	瑞士	6	6	6
53	美国	11	11	11
54	英国	7	7	7
55	荷兰	3	3	3
56	葡萄牙	2	2	2
57	西班牙	5	5	5

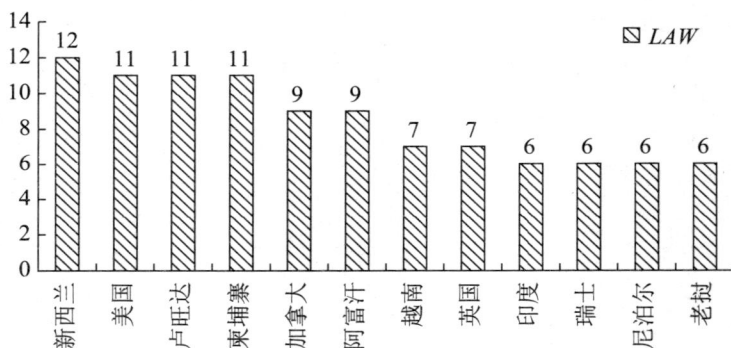

图 2-9　2015 年新西兰、美国、卢旺达、柬埔寨等 12 国的 LAW 指数比较

数据来源：世界银行集团网站（http：//www.worldbank.org.cn/）。

2. 以公共征信系统覆盖衡量的各国法治化水平

本书用（TRU）$_{it}$ 表示以公共征信系统覆盖衡量的各国不同年份法治化水平，i 表示国家（地区），t 表示时间。2004—2015 年世界主要国家（地区）的 TRU 指数见 2-4 表。从时间维度看，大多数国家的 TRU 指数呈现了逐步上升的变化趋势，例如伊朗的 TRU 指数从 2004 年的 13.7 上升到 2015 年的 49.1，变化趋势见图 2-10，喀麦隆的 TRU

指数从 2004 年的 0.1 上升到 2015 年的 5.4，变化趋势见图 2-11；法国的 *TRU* 指数从 2004 年的 12.3 上升到 2015 年的 45.1，变化趋势见图 2-12。从区域维度看，世界各国的 *TRU* 指数并未呈现出明显的地域特征，以乌拉圭、伊朗、意大利、毛里求斯、法国、西班牙、越南、阿根廷、马来西亚九国为例，处于发展中国家的乌拉圭、伊朗、毛里求斯、越南、阿根廷、马来西亚在 *TRU* 指数上并不比处于发达国家的意大利、法国、西班牙逊色，如图 2-13 所示，这意味着以 *TRU* 指数衡量的法治化水平同样具有脱离经济发展水平的相对独立性。

表 2-4 2004—2015 年世界主要国家（地区）*TRU* 的指数

序号	国家名称	2004	2005	2006	2007	2008	2009	2010	2011	2012	2013	2014	2015
1	中非	0.1	1.2	1.1	1.4	1.2	2.1	2	2.2	2.4	3.1	2.6	3.3
2	乌拉圭	7.2	5.5	13.2	14.1	15.4	17.8	19.4	28.6	32.9	80.2	84.6	84.1
3	乍得	0	0.2	0.2	0.2	0.6	0.2	0.8	0.5	0.5	0.8	2.1	2.4
4	也门	0	0.1	0.1	0.1	0.1	0.2	0.3	0.7	0.9	1	1.2	1.3
5	亚美尼亚	0	2.6	1.5	2.8	2.6	4.4	16.9	23.7	20.5	21.9	23.5	0
6	伊朗	13.7	13.7	13.7	22.2	21.7	31.3	22.7	26.5	25.9	41.6	45	49.1
7	佛得角	—	11.9	11.9	20.3	21.8	23	22.1	20.2	19.7	17.3	16.7	17.8
8	保加利亚	1.3	13.6	20.7	25.4	30.7	34.8	37	52.8	56.3	61	62.9	64.7
9	几内亚比绍	—	1	1	0.9	1	1.1	1	1	1.1	1.1	1	0.1
10	刚果（布）	0.1	2.3	1.4	2.4	2.4	3	2.9	8.2	8.3	9	9.4	10.9
11	加蓬	—	2.6	2.6	2.4	2.4	3.9	22.5	24.2	53.8	51.1	50.8	52
12	卢旺达	0.1	0.2	0.2	0.2	0.3	0.4	0.7	1.4	2	2.1	2.4	5.4
13	危地马拉	0	0	16.1	20.7	16.1	16.9	16.4	17.3	18	19.1	19.2	19
14	厄瓜多尔	12.4	13.6	15.2	37.9	37.7	37.2	36.5	0	0	0	0	0
15	吉布提	—	0.2	0.2	0.2	0.2	0.2	0.2	0.2	0.2	0.3	0.3	0.4

序号	国家名称	2004	2005	2006	2007	2008	2009	2010	2011	2012	2013	2014	2015
16	哥斯达黎加	1.6	2.1	2.5	6.1	14.6	24.3	23.3	25.5	28.3	25.4	27.4	27.5
17	喀麦隆	0.1	0.8	3.4	1	4.9	1.8	2.9	3.6	9.1	8.9	5.4	6.5
18	土耳其	3.2	4.9	6.7	10.3	12.7	15.9	18.3	23.8	23.5	27	63.6	74.9
19	埃塞俄比亚	0	0	0.1	0.1	0.1	0.1	0.1	0.2	0.1	0.1	0.2	0.2
20	塞内加尔	0.3	4.3	4.7	4	4.4	4.4	3.7	4.5	4.6	1	1	0.5
21	多哥	0.3	3.5	3.6	2.7	2.6	2.7	2.5	2.5	2.8	3.1	3	0.5
22	多米尼加	19.2	19.2	11.9	13.3	33.9	29.7	28.5	35.9	44.1	59.7	38.1	23.2
23	奥地利	1.1	1.2	1.2	1.3	1.3	1.4	1.4	1.7	1.8	1.7	2	2.2
24	安哥拉	1.6	2.9	2.9	2.3	2.7	2.5	2.4	1.8	1.8	2.4	1.8	3.3
25	尼加拉瓜	6.2	8.1	12.5	14.8	13.4	16	14	10.5	10.8	16	16.2	16.3
26	尼日尔	0.1	0.9	1.2	1	0.9	0.9	0.7	0.9	0.8	1	1	0.3
27	巴拉圭	9	8.7	10.6	11	9.7	10.9	13.9	15.7	16.7	20.9	22.8	23.1
28	布基纳法索	0.2	1.9	2.4	2.1	1.9	1.9	1.8	1.8	1.7	2	2	0.3
29	布隆迪	0.2	0.2	0.1	0.2	0.3	0.2	0.2	0.3	0.3	0.3	3.9	4.4
30	德国	0.6	0.6	0.5	0.7	0.7	0.8	1	1.3	1.3	0	1.3	1.6
31	意大利	7.9	6.1	9.9	11	11.8	12.2	16.6	23	24.1	25.6	24.6	27.3
32	拉脱维亚	0.6	1.1	1.9	2.6	3.5	46.5	57.2	59.7	63.8	73.6	76.8	80.8
33	捷克	2.1	2.8	3.5	4.2	4.6	4.9	4.9	6.1	6.1	6.4	6.4	6.7
34	斯洛伐克	0.6	0.5	1	1.2	1.4	1.4	2.2	2.6	2.7	2.7	2.8	3.2
35	斯洛文尼亚	2.5	2.7	2.9	2.5	2.7	2.7	2.7	3.3	3.4	3.3	3.2	3.1
36	智利	29	25.9	31.3	26.2	28.1	32.9	30.9	35.6	37.4	40.5	44.7	45.1
37	比利时	53.3	55.3	56.2	57.2	57.7	56.5	57.2	72.6	89	96.2	96.4	96.3
38	毛里塔尼亚	0.2	0.2	0.2	0.2	0.2	0.2	0.1	0.2	0.5	1.4	4.6	6.1
39	毛里求斯	0	0	10.2	10.2	20.6	36.8	49.8	49.8	56.3	69.2	71.9	82.6

序号	国家名称	2004	2005	2006	2007	2008	2009	2010	2011	2012	2013	2014	2015
40	法国	12.3	12.3	12.3	24.8	28.3	32.5	33.3	43.3	42.4	43.6	44.5	45.1
41	洪都拉斯	6.1	11.2	8.3	12.7	11.3	21.7	22.7	16.3	20.7	21.1	21.8	22.2
42	海地	0.3	0.3	0.7	0.7	0.7	0.7	0.7	0.7	0.7	1.1	1.1	1.6
43	玻利维亚	9.6	10.3	11.5	12.1	11.9	11.6	11.3	11.8	14.8	14.1	15.1	15
44	白俄罗斯	1.1	1.1	1.1	1.1	2.4	23.4	33.5	49.5	56.2	60.3	64.5	66.9
45	科威特	10.9	10.9	10.9	10.9	10.9	10.9	10.9	10.9	10.9	10.9	10.9	15.3
46	科特迪瓦	0.2	3	3.1	2.8	2.9	2.7	2.6	2.6	2.9	3.2	3.2	0.3
47	秘鲁	14.3	14.3	19.2	20.7	23.7	23	25.5	28.5	31.2	31.7	33.5	35.2
48	突尼斯	9.3	8.2	11.6	13.7	14.9	19.9	22.9	27.3	27.8	28.8	30.2	28.9
49	立陶宛	4.4	2.5	4.2	6.6	8.9	12.1	20	15	24.4	28.3	28.8	33.9
50	约旦	0.5	0.6	0.7	0.8	1	1	1.5	1.6	1.9	2	2.2	2.4
51	约旦河西岸和加沙	0	0	0.7	1.8	7.8	6.5	5.6	5.5	8.1	8.8	9	22.5
52	罗马尼亚	0.4	1.4	2.6	4.1	4.5	5.7	13	15.2	14	11.8	12.3	15.9
53	莫桑比克	0.5	0.8	0.7	0.9	1.9	2.3	2.2	3.8	4.4	4.3	5.7	5.6
54	萨尔瓦多	19.8	17.3	30.5	17.2	18.4	21	21.8	23.9	26.5	27.3	28.2	27.6
55	葡萄牙	63.7	64.3	72	67.1	76.4	81.3	67.1	86.2	96	100	100	100
56	蒙古	2.3	4.7	10.2	10.8	22.7	22.2	19.2	51.4	58.9	58.3	32.7	40.5
57	西班牙	39.4	42.1	44.9	44.9	45.8	45.3	54.6	54.7	53.3	51.9	50	49.8
58	贝宁	0.4	0.4	0.4	0.4	0.4	0.4	0.4	0.4	0.4	0.4	0.6	0.6
59	赤道几内亚		2.4	2.4	1.9	2.7	3	2.5	2.9	3.9	4.7	5.1	7.5
60	越南	0.8	1.1	2.7	9.2	13.4	19	26.4	29.8	37.8	39.1	41.8	41.5
61	阿塞拜疆	0	0.4	1.1	1.4	3.1	6.9	7	15.6	17.7	23	28.7	33.6
62	阿尔及利亚	0	0	0.2	0.2	0.2	0.2	0.2	0.3	2.3	2.4	2	1.9
63	阿尔巴尼亚	0	0	0	0	6.8	9.9	12.3	17	19.7	13.1	16.7	27.1

续表

序号	国家名称	2004	2005	2006	2007	2008	2009	2010	2011	2012	2013	2014	2015
64	埃及	1	1.2	1.5	1.7	2.2	2.5	2.9	3.5	4.3	5.3	5.8	6.6
65	阿拉伯联合酋长国	1.8	1.5	1.7	1.4	6.5	7.3	8.4	9	5.9	5.8	6.8	7.7
66	阿曼	0	0	17.5	12.4	23.4	17	19.6	18.9	37.3	21	20.6	23.3
67	阿根廷	20.1	22.1	25.4	25.5	31.2	34.3	30.8	35.9	37	41.9	41.2	42.6
68	马其顿	0.6	1.9	2.1	4	6.5	28.1	39.4	34.3	34.8	34.8	36.4	38
69	马尔代夫	17.7	17.7	17.7	17.7	17.7	17.7	17.7	17.7	17.7	17.5	17.3	15.6
70	马来西亚	33.9	33.7	42.2	44.5	52.9	48.5	62	49.4	56.1	52.9	56.2	57
71	马达加斯加	0.3	0.3	0.3	0.1	0.1	0.1	0	0.1	0.1	2.2	2.6	3
72	马里	0.1	2.3	2.9	2.5	4.1	4	2.9	3.7	3.3	3.7	3.6	0.1
73	黎巴嫩	3.1	3.5	4.3	4.7	6.8	8.3	8.7	16.6	18.6	19.2	20.3	23.9

数据来源：世界银行集团网站（http：//www. worldbank. org. cn/）。

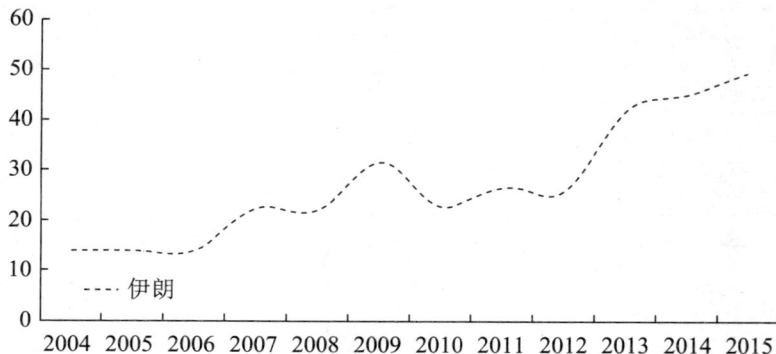

图 2-10　2004—2015 年伊朗的 *TRU* 指数变化趋势

数据来源：世界银行集团网站（http：//www. worldbank. org. cn/）。

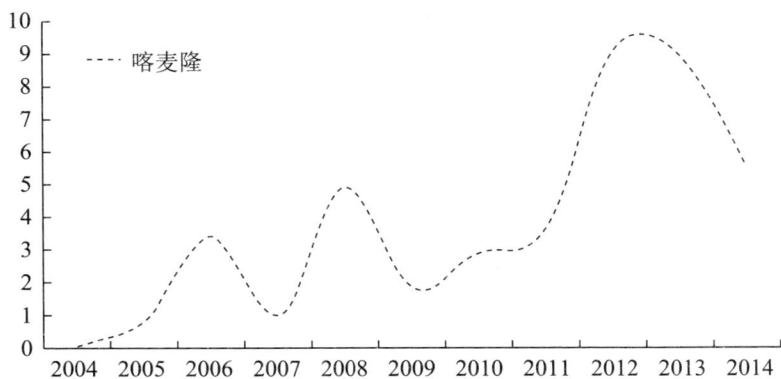

图 2-11 2004—2015 年喀麦隆的 *TRU* 指数变化趋势

数据来源：世界银行集团网站（http：//www. worldbank. org. cn/）。

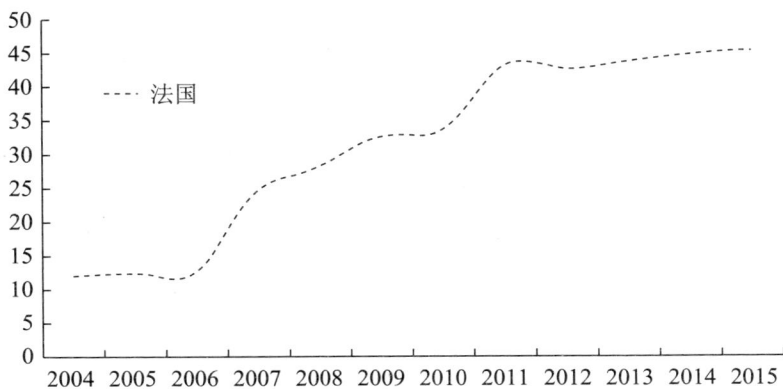

图 2-12 2004—2015 年法国的 *TRU* 指数变化趋势

数据来源：世界银行集团网站（http：//www. worldbank. org. cn/）。

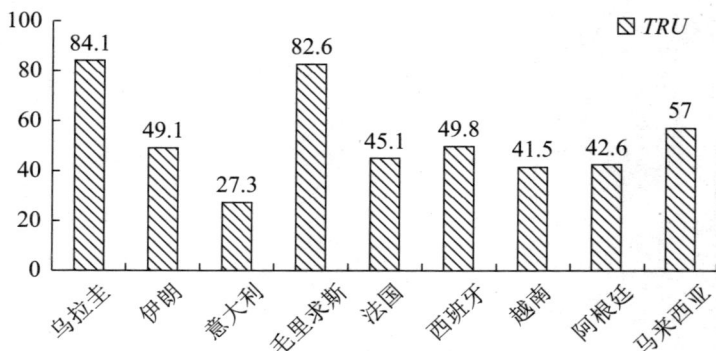

图 2-13　2015 年乌拉圭、伊朗、意大利、法国等九国 *TRU* 指数的比较

数据来源：世界银行集团网站（http://www.worldbank.org.cn/）。

三、模型与变量说明

在参照 Seppalaa et al.（2005）、Suh et al.（2005）、Odum（1996）、Bringezu（2001）、刘孝斌（2015）等研究成果的基础上，本书建立如下两个计量模型以检验法治化对生态化的影响：

模型一：

$$LN(MCO)_{it} = C + \beta1 LN(TRU)_{it} + \beta2 LN(CYJ)_{it} +$$
$$\beta3 LN(GDP)_{it} + \beta4 LN(EDU)_{it} + \beta5 LN(TEC)_{it}$$
$$+ \beta6 LN(CSH)_{it} + \beta7 LN(OPEN)_{it} +$$
$$\beta8 LN(JCS)_{it} + \beta9 LN(MCO)_{i,t-1} + \mu_{it} \qquad (3)$$

i：世界 212 个国家（地区）；t：2001—2011 年。

模型二：

$$LN(GCO)_{it} = C + \beta1 LN(TRU)_{it} + \beta2 LN(CYJ)_{it} +$$
$$\beta3 LN(GDP)_{it} + \beta4 LN(EDU)_{it} + \beta5 LN(TEC)_{it} +$$

$$\beta 6LN(CSH)_{it} + \beta 7LN(OPEN)_{it} + \beta 8LN(JCS)_{it} +$$
$$\beta 9LN(GCO)i,t-1 + \mu_{it} \qquad (4)$$

i：世界 212 个国家（地区）；t：2001—2011 年。

模型一和模型二都是旨在检验法治化对生态化的影响，模型一中生态化的衡量指标是 MCO 指数，模型二中生态化的衡量指标是 GCO 指数，模型一和模型二中法治化的衡量指标皆为 TRU 指数。同时引入产业结构优化程度、经济发展水平、教育水平、科技创新水平、城市化、对外开放水平、基础设施建设作为控制变量。为了将其他未量化的因素纳入考察范围，本书将其他未量化的因素（主要是无形的影响因素，诸如制度、人文历史传统等）打包放在一阶滞后的生态化水平中，即 (MCO)i,t-1 和 (GCO)i,t-1。模型一与模型二中各变量的符号、含义、衡量指标详情见表 2-5。

表 2-5　变量说明

变量类型	变量符号	变量含义	衡量指标	参考文献
被解释变量	MCO	生态化	人均二氧化碳排放量	Seppalaa et al.（2005）
被解释变量	GCO	生态化	单位 GDP 二氧化碳排放量	Suh et al.（2005）
解释变量	TRU	法治化	公共征信系统覆盖成年人口的比例	卢峰等（2004）、刘孝斌（2015）
控制变量	CYJ	产业结构优化程度	服务等附加值占 GDP 的比例	Matsuyama（2009）
控制变量	GDP	经济发展水平	人均 GDP（现价美元）	Solow（1956）
控制变量	EDU	教育水平	高等院校入学率（占总人数的百分比）	Psacharopoulos（1985）

续表

变量类型	变量符号	变量含义	衡量指标	参考文献
控制变量	TEC	科技创新水平	科技期刊文章数量	Bart (1990)、刘孝斌 (2014)
控制变量	CSH	城市化	城镇人口占总人口的比例	Lin and Chen (2011)
控制变量	$OPEN$	对外开放水平	商品贸易占 GDP 的百分比	Boarnet (1998)
控制变量	JCS	基础设施建设水平	互联网用户数量（每 100 人）	Yan et al (2010)
控制变量	$(MCO)_{i,t-1}$ $(GCO)_{i,t-1}$	其他无形的生态化影响因素	上一年的生态化水平	—

本书选取的样本数据是世界进入新千年以来的国际面板数据，截面变量是世界 212 个国家（地区），时间变量是 2001—2011 年。样本数据的描述性统计情况见表 2-6。

表 2-6　变量的描述性统计[①]

Variable		Mean	Std. Dev.	Min	Max	Observations
MCO	overall	3.758333	2.868784	0.1	7.6	N = 2332
	between	—	3.159392	0.1	7.066667	n = 212
	within	—	0.2510583	3.391667	4.291667	T = 11
GCO	overall	1.678031	0.5210887	1.183658	2.726715	N = 2332
	between	—	0.4983974	1.232929	2.293095	n = 212
	within	—	0.2613372	0.9870423	2.111651	T = 11
TRU	overall	16.05	11.19517	1.2	33.3	N = 2332
	between	—	12.20857	1.766667	31.36667	n = 212
	within	—	1.839137	12.98333	19.11667	T = 11

---

① 本章采用 stata11 软件对样本数据进行描述性统计。

Variable		Mean	Std. Dev.	Min	Max	Observations
GDP	overall	22755.28	18736.96	446.8	45413.1	N = 2332
	between	—	20634.21	455	42583.33	n = 212
	within	—	1647.981	20788.95	25585.05	T = 11
EDU	overall	46.33333	26.89486	2	66	N = 2332
	between	—	29.71469	2.333333	65	n = 212
	within	—	0.9534626	45	48	T = 11
CYJ	overall	61.6	18.95895	30.9	78.6	N = 2332
	between	—	20.94962	31.53333	78.23333	n = 212
	within	—	0.5939081	60.3	62.3	T = 11
CSH	overall	69.66667	21.05548	38	94	N = 2332
	between	—	23.27612	38.66667	94	n = 212
	within	—	0 .246183	69	70	T = 11
OPEN	overall	37.16667	10.11608	19.7	49.4	N = 2332
	between	—	10.4238	21.53333	42.56667	n = 212
	within	—	3.6654	32.2	44.43333	T = 11
TEC	overall	14652.42	15288.79	4	31983	N = 2332
	between	—	16901.27	6	31702.67	n = 212
	within	—	175.9845	14317.75	14932.75	T = 11
JCS	overall	41.575	27.0637	1	77.3	N = 2332
	between	—	29.74406	1.6	73.2	n = 212
	within	—	2.931026	37.075	46.275	T = 11

数据来源：世界银行集团网站（http://www.worldbank.org.cn/）。

四、实证检验

为了全面观察法治化对生态化的影响，本书将样本数据分解成世界总体、OECD 国家、金砖国家、最不发达国家（LDC）[①] 四个子样本，对四个子样本分别进行回归以发现回归结果的区域差异。在实证检验中，本书运用的软件是 stata11。

（一）对模型一进行回归

模型一的被解释变量是以 MCO 指数衡量的生态化。按照世界总体、OECD 国家、金砖国家、最不发达国家四个子样本对模型一分别采用一般模型、固定效应模型、随机效应模型三种估计方法进行检验，得出的估计结果见表 2-7。

世界总体样本的回归结果显示，Hausman 检验值为 0，P 值为 1，没有通过显著性检验，B-P 检验值为 5862.39，P 值为 0，通过了显著性检验（1% 的显著性水平）。据此可以认为：世界总体样本的回归结果中随机效应的回归结果可靠性更强，本书将依据随机效应的估计结果对世界总体样本进行分析。OECD 国家样本中，Hausman 检验值为 44.58，P 值为 0，通过了显著性检验（1% 的显著性水平），B-P 检验值为 84.23，P 值为 0，也通过了显著性检验（1% 的显著性水平），但是随机效应的拟合优度、变量显著性状况皆好于固定效应，因此本书还是采用随机效应的估计结果对 OECD 国家进行分析。金砖国家样本中，Hausman 检验值为 2.33，P 值为 0.5072，没有通过显著性检验，

---

① 本书参照 ECOSOC 下属的 Committee for Development Policy 所认定的 LDC 名单，将以下 45 个国家确定为最不发达国家（LDC）：阿富汗、孟加拉国、海地、不丹、柬埔寨、老挝、东帝汶、缅甸、尼泊尔、也门、贝宁、布基纳法索、布隆迪、图瓦卢、基里巴斯、所罗门群岛、中非、乍得、刚果（金）、吉布提、厄立特里亚、埃塞俄比亚、冈比亚、几内亚、几内亚比绍、莱索托、利比里亚、马达加斯加、马拉维、马里、毛里塔尼亚、莫桑比克、尼日尔、卢旺达、圣多美和普林西比、塞拉利昂、索马里、苏丹、多哥、乌干达、坦桑尼亚、科摩罗、塞内加尔、南苏丹。

表2-7 模型一的回归结果

MCO	世界总体			OECD国家			金砖国家			最不发达国家		
	一般模型	固定效应	随机效应	一般模型	固定效应	随机效应	一般模型	固定效应	随机效应	一般模型	固定效应	随机效应
TRU	-0.02213 (0.543)	0.01163 (0.043)	-0.02213 (0.057)	0.01685 (0.187)	0.07467 (0.017)	-0.02313 (0.073)	-0.02649 (0.145)	-0.02129 (0.044)	-0.06408 (0.783)	0.13656 (0.526)	-0.00917 (0.292)	-0.05818 (0.778)
GDP	0.00020 (0.001)	0.00011 (0.170)	-0.10241 (0.000)	0.00004 (0.106)	0.00020 (0.059)	0.00010 (0.033)	0.00011 (0.455)	0.00003 (0.836)	0.00015 (0.000)	-0.00027 (0.223)	-0.00019 (0.015)	-0.22977 (0.197)
EDU	0.06986 (0.025)	0.03085 (0.415)	0.06986 (0.000)	0.04286 (0.169)	0.09022 (0.127)	0.14472 (0.043)	0.23018 (0.803)	0.21069 (0.762)	0.07825 (0.878)	0.13887 (0.415)	0.00387 (0.561)	0.05025 (0.471)
CYJ	-0.06261 (0.338)	-0.14257 (0.307)	-0.06261 (0.277)	-0.29740 (0.052)	-0.38208 (0.006)	-0.41158 (0.000)	0.12930 (0.713)	-0.55728 (0.176)	0.47583 (0.000)	0.05542 (0.017)	-0.10976 (0.315)	-0.01102 (0.922)
CSH	-0.00128 (0.002)	-0.00084 (0.137)	-0.00128 (0.000)	0.51376 (0.412)	0.10786 (0.649)	0.06681 (0.061)	-0.00005 (0.936)	-0.00060 (0.324)	0.00085 (0.479)	-0.00061 (0.077)	-0.00068 (0.083)	0.01047 (0.557)
OPEN	-0.02414 (0.107)	-0.00743 (0.585)	-0.02414 (0.038)	0.04846 (0.188)	0.05969 (0.238)	0.05413 (0.000)	0.02155 (0.675)	-0.01777 (0.619)	0.11349 (0.147)	0.01267 (0.395)	0.00305 (0.724)	0.06802 (0.615)
JCS	-0.03664 (0.235)	-0.04392 (0.217)	-0.03664 (0.162)	-0.10941 (0.230)	-0.06200 (0.213)	-0.04279 (0.075)	-0.06405 (0.387)	-0.14116 (0.205)	-0.08212 (0.018)	-0.06295 (0.052)	-0.12635 (0.325)	-0.06295 (0.000)
TEC	0.00004 (0.006)	0.00025 (0.723)	-0.01812 (0.096)	-0.00078 (0.406)	-0.00025 (0.039)	$4.5e-06$ (0.927)	0.00019 (0.050)	-0.00225 (0.397)	0.00021 (0.001)	0.01884 (0.009)	-0.01391 (0.763)	0.01884 (0.000)

续表

	世界总体			OECD国家			金砖国家			最不发达国家		
	一般模型	固定效应	随机效应	一般模型	固定效应	随机效应	一般模型	固定效应	随机效应	一般模型	固定效应	随机效应
MCO	0.75822 (0.000)	0.52591 (0.126)	0.86139 (0.000)	0.69788 (0.258)	0.18332 (0.039)	0.23900 (0.466)	0.40814 (0.579)	0.50726 (0.470)	−0.08479 (0.792)	0.12315 (0.544)	0.25865 (0.463)	0.12315 (0.469)
$(MCO)_{i,t-1}$	3.36254 (0.155)	10.8905 (0.280)	3.36254 (0.080)	24.0629 (0.068)	−8.7746 (0.111)	−6.1070 (0.355)	0.22851 (0.972)	39.0594 (0.324)	5.89357 (0.002)	0.07549 (0.206)	5.40478 (0.522)	0.07549 (0.065)
_cons	—	—	—	—	—	—	—	—	—	—	—	—
组内 R^2	—	0.9941	0.9409	—	0.9955	0.8323	—	0.9313	0.7717	—	0.9757	0.9551
组间 R^2	—	0.2072	1.0000	—	1.0000	1.0000	—	1.0000	1.0000	—	1.0000	1.0000
总体 R^2	0.9993	0.1843	0.9994	0.9998	0.5082	0.9768	0.9982	0.9791	0.9959	0.9987	0.9543	0.9987
F检验	837.48 (0.0000)	4.72 (0.3235)	—	1641.59 (0.0185)	74.07 (0.0852)	—	139.84 (0.0633)	2.33 (0.3693)	—	519.94 (0.0019)	0.85 (0.5268)	—
H检验	—	0.00 (1.0000)	—	—	44.58 (0.0000)	—	—	2.33 (0.5072)	—	—	0.85 (0.8387)	—
B−P检验	—	—	5862.39 (0.0000)	—	—	84.23 (0.0000)	—	—	484.39 (0.0000)	—	—	1559.83 (0.0000)

B-P 检验值为 484.39，P 值为 0，通过了显著性检验（1％的显著性水平）。据此可以认为：金砖国家样本中，随机效应的估计结果具备更高的可靠性，本书采用随机效应的估计结果对金砖国家进行分析。最不发达国家样本中，Hausman 检验值为 0.85，P 值为 0.8387，没有通过显著性检验，B-P 检验值为 1559.83，P 值为 0，通过了显著性检验（1％显著性水平），据此可以认为：最不发达国家样本中，随机效应估计结果具备更高的可靠性，本书采用随机效应估计结果对最不发达国家进行分析。

法治化对生态化的影响在四个样本中呈现了一致性，即皆为正向影响，但是显著性存在较大差异。世界总体样本中，法治化 TRU 的估计系数为 -0.02213，鉴于 MCO 是一个反向指标，因此法治化对生态化的影响为正。法治化估计系数的 P 值为 0.057，通过了显著性检验（10％的显著性水平）。OECD 国家样本中，法治化 TRU 的估计系数为 -0.02313，P 值为 0.073，通过了显著性检验（10％的显著性水平）。金砖国家样本中，法治化 TRU 的估计系数为 -0.06408，P 值为 0.783，没有通过显著性检验。最不发达国家样本中，法治化 TRU 的估计系数为 -0.05818，P 值为 0.778，没有通过显著性检验。因此法治化对生态化的正向影响在世界总体和 OECD 国家中显著，在金砖国家和最不发达国家中不显著。法治化对生态化的影响为正意味着法治环境的优化将有利于生态化水平的提升。法治化通过两个途径对生态化产生促进作用，一是通过惩治生态破坏行为以形成一个生态环境外部保护机制，二是通过将生态文明制度以立法的形式进行确认从而提高生态文明制度的执行力，这对于解决生态环境治理中的疑难问题（例如跨流域生态补偿问题）非常有利。

（二）对模型二进行回归

模型二的被解释变量是以 *GCO* 衡量的生态化。按照世界总体、OECD 国家、金砖国家、最不发达国家四个子样本对模型二分别采用一般模型、固定效应模型、随机效应模型三种估计方法进行检验，得出的估计结果见表 2-8。

世界总体样本中，Hausman 检验值为 1.67，P 值为 0.9758，没有通过显著性检验，B-P 检验值为 200.44，P 值为 0，通过了显著性检验（1％的显著性水平）。据此可以认为：世界总体样本中，随机效应估计结果具备更高的可靠性，本书采用随机效应的估计结果对世界总体进行分析。OECD 国家样本中，B-P 检验值为 113.86，P 值为 0，据此可以认为随机效应的估计结果更为可靠，本书采用随机效应估计结果对 OECD 国家进行分析。金砖国家样本中，Hausman 检验值为 3.32，P 值为 0.1897，没有通过显著性检验，B-P 检验值为 6.68，P 值为 0.0827，通过了显著性检验（10％的显著性水平），据此可以认为：在金砖国家样本中，随机效应估计结果可靠性更高，本书采用随机效应估计结果对金砖国家进行分析。在最不发达国家样本中，Hausman 检验值为 0.32，P 值为 0.9570，没有通过显著性检验，B-P 检验值为 72.43，P 值为 0，通过了显著性检验（1％的显著性水平）。据此可以认为：在最不发达国家样本中，随机效应估计结果的可靠性更高，本书采用随机效应估计结果对最不发达国家进行分析。

在模型二中，法治化 *TRU* 对生态化 *GCO* 的影响在世界总体、OECD 国家、金砖国家、最不发达国家四个样本中表现出了较大的差异，在世界总体和最不发达国家样本中影响为负，在 OECD 国家和金砖国家样本中影响为负。在世界总体样本中，法治化 *TRU* 对生态化

表2-8 模型二的回归结果

GCO	世界总体			OECD国家			金砖国家			最不发达国家		
	一般模型	固定效应	随机效应	一般模型	固定效应	随机效应	一般模型	固定效应	随机效应	一般模型	固定效应	随机效应
TRU	0.01916 (0.087)	−0.02662 (0.715)	0.01916 (0.055)	0.00142 (0.629)	0.01955 (0.237)	−0.01078 (0.034)	−0.05921 (0.064)	−0.05543 (0.837)	−0.09546 (0.651)	0.08311 (0.661)	0.05761 (0.369)	0.04116 (0.066)
GDP	−0.00004 (0.099)	−0.00001 (0.879)	−0.00004 (0.032)	−0.00003 (0.054)	9.4e−06 (0.086)	−0.00001 (0.203)	−0.00007 (0.545)	−0.00014 (0.420)	−0.00003 (0.115)	−0.00042 (0.140)	−0.00040 (0.060)	−0.00040 (0.000)
EDU	−0.02231 (0.313)	−0.02325 (0.743)	−0.02231 (0.248)	−0.00640 (0.418)	0.00780 (0.096)	0.02471 (0.259)	0.17646 (0.830)	0.15382 (0.800)	0.02993 (0.948)	0.10074 (0.500)	0.09421 (0.249)	0.07008 (0.000)
CYJ	0.14656 (0.059)	0.05143 (0.816)	0.14656 (0.009)	−0.09087 (0.072)	−0.01180 (0.645)	−0.00494 (0.775)	0.12470 (0.693)	−0.23361 (0.594)	−0.03158 (0.183)	−0.07148 (0.812)	−0.08400 (0.757)	0.01368 (0.158)
CSH	−0.00046 (0.064)	−0.00083 (0.301)	−0.00046 (0.011)	−0.00658 (0.881)	−0.01372 (0.669)	−0.00152 (0.940)	−0.00104 (0.044)	−0.00124 (0.316)	−0.00096 (0.025)	−0.00083 (0.338)	−0.00126 (0.157)	−0.00122 (0.000)
OPEN	0.02850 (0.066)	0.00594 (0.836)	0.02850 (0.012)	0.00093 (0.872)	0.00047 (0.977)	−0.02517 (0.352)	−0.00923 (0.337)	−0.01279 (0.846)	0.01288 (0.645)	−0.00038 (0.990)	0.01196 (0.697)	0.01765 (0.254)
JCS	−0.06948 (0.053)	−0.04983 (0.398)	−0.06948 (0.006)	0.00038 (0.957)	0.00773 (0.655)	0.01361 (0.670)	−0.05720 (0.070)	−0.15020 (0.278)	−0.08423 (0.056)	−0.05115 (0.538)	−0.00226 (0.993)	−0.11951 (0.000)

续表

GCO	世界总体			OECD国家			金砖国家			最不发达国家		
	一般模型	固定效应	随机效应	一般模型	固定效应	随机效应	一般模型	固定效应	随机效应	一般模型	固定效应	随机效应
TEC	-0.00015 (0.192)	0.00117 (0.054)	0.00117 (0.054)	-0.00009 (0.288)	-0.00014 (0.220)	-0.00010 (0.000)	4.5e-06 (0.316)	-0.00237 (0.340)	0.00012 (0.145)	0.01255 (0.482)	0.10308 (0.586)	0.02717 (0.000)
$(GCO)_{i,t-1}$	0.72928 (0.445)	0.81982 (0.425)	0.81982 (0.425)	2.57061 (0.148)	0.07983 (0.923)	1.42698 (0.276)	-0.54466 (0.907)	-0.35112 (0.885)	-1.0179 (0.694)	-0.37371 (0.725)	-1.0640 (0.640)	-0.36311 (0.686)
_cons	-3.51623 (0.133)	2.73478 (0.856)	-3.5162 (0.060)	10.3707 (0.067)	0.32463 (0.192)	1.15227 (0.569)	4.94228 (0.808)	41.6784 (0.297)	8.3679 2(0.371)	1.72845 (0.266)	-8.9998 (0.720)	1.72845 (0.127)
组内 R^2	—	0.9710	0.9235	—	0.9983	0.1672	—	0.8377	0.3813	—	0.9334	0.9124
组间 R^2	—	0.0342	0.9996	—	1.0000	1.0000	—	1.0000	1.0000	—	1.0000	1.0000
总体 R^2	0.9804	0.0043	0.9804	0.9998	0.9098	0.9827	0.5959	0.2752	0.7697	0.9731	0.7194	0.9731
F检验	28.63 (0.0029)	0.56 (0.7257)	—	1149.01 (0.0221)	873.45 (0.0215)	—	0.37 (0.8251)	2.81 (0.3423)	—	24.14 (0.0400)	0.32 (0.6740)	—
H检验	—	1.67 (0.9758)	—	—	-402.21	—	—	3.32 (0.1897)	—	—	0.32 (0.9570)	—
B-P检验	—	—	200.44 (0.0000)	—	—	113.86 (0.0000)	—	—	6.68 (0.0827)	—	—	72.43 (0.0000)

GCO 的影响系数为 0.01916，P 值为 0.055，通过了显著性检验（10%的显著性水平），这意味着：就世界总体而言，法治化的提升并未带来生态化水平的提升，反而成为生态化水平提升的一种阻力。在 OECD 国家中，法治化 TRU 对生态化 GCO 的影响系数为－0.01078，P 值为 0.034，通过了显著性检验（5%的显著性水平），这表明：就 OECD 国家而言，法治化水平的优化对生态化水平产生了显著的正向促进作用。在金砖国家中，法治化 TRU 对生态化 GCO 的影响系数为－0.05543，P 值为 0.651，没有通过显著性检验，这表明：就金砖国家而言，法治化对生态化产生了正向促进作用，但是这种作用不显著。在最不发达国家中，法治化 TRU 对生态化 GCO 的影响系数为 0.04116，P 值为 0.066，通过了显著性检验（10%的显著性水平），这表明：就最不发达国家而言，法治化对生态化水平的提升造成了显著的障碍。

五、本章结论及启示

本书采用了两个指标来衡量世界各国的生态化水平：MCO 指数和 GCO 指数，这两个指标皆为反向指标。MCO 指数显示：世界各国的生态化水平在时间维度上呈现了多样化的变化趋势，在区域维度上则表现出了明显的南北分化特征，即发达国家的 MCO 指数普遍高于发展中国家，这意味着从 MCO 指数进行判断，发达国家的生态化水平普遍落后于发展中国家。GCO 指数显示：世界各国的生态化水平在时间维度上呈现了一致性的变化趋势，即逐步下降的趋势，世界各国的生态化水平在区域维度上表现出了明显的南北分化特征，即发达国家的 GCO 指数普遍低于发展中国，这意味着从 GCO 指数进行判断，发达国家的生态化水平普遍高于发展中国家。

本书采用了两个指标来衡量世界各国的法治化水平：LAW 指数和 TRU 指数。LAW 指数显示：世界各国的法治化水平并未表现出明显的地域特征，也未与各国的经济发展水平保持一致，这表明法治水平具有脱离经济发展水平的相对独立性。TRU 指数显示：大多数国家的法治水平在时间维度上呈现了逐步上升的变化趋势，在区域维度上则并未表现出明显的地域特征。

以生态化为被解释变量、法治化为解释变量，引入产业结构优化程度、经济发展水平、教育水平、科技创新水平、城市化、对外开放水平、基础设施建设作为控制变量，将其他未量化的因素（主要是无形的影响因素，诸如制度、人文历史传统等）打包放在一阶滞后的生态化水平中，本书于是构建了两个计量模型（模型一和模型二）。两个计量模型都旨在检验法治化对生态化的影响，模型一中生态化的衡量指标是 MCO 指数，模型二中生态化的衡量指标是 GCO 指数，模型一和模型二中法治化的衡量指标皆为 TRU 指数。

通过将样本数据划分成世界总体、OECD 国家、金砖国家、最不发达国家四个子样本进行实证检验得出的结论为：在模型一的回归结果中，法治化对生态化的影响在四个样本中呈现了一致性，即皆为正向影响，但是显著性存在较大差异（正向影响在世界总体和 OECD 国家中显著，但是在金砖国家和最不发达国家中不显著）；在模型二的回归结果中，法治化对生态化的影响在世界总体、OECD 国家、金砖国家、最不发达国家四个样本中表现出了较大的差异性，在世界总体和最不发达国家样本中影响为负，在 OECD 国家和金砖国家样本中影响为正，并且显著性也存在差异（世界总体、OECD 国家和最不大国家的检验结果为显著，但是在金砖国家中则不显著）。

以上的结论给我们的启示在于：法治化对生态化的影响较为复杂，

视国别、经济发展阶段而异，因此在把握本国法治化与生态化之间的关系时切忌照抄照搬，必须深度审视本国的经济发展阶段及其他国家国情后而定。中国属于金砖国家，模型一和模型二对金砖国家样本的回归结果显示：法治化对生态化产生了正向影响，这或许给当前中国把握法治化与生态化之间的关系提供了切实的依据。十八届四中全会提出的"依法治国"与十八届五中全会提出的"绿色发展"遥相呼应，似乎告诉我们：法治化与生态化之间的良性互动机制离我们已并不遥远。

▶ 第三章

工业化后期：
资源约束、工业化
进程与城市创新能力

一、问题提出

当中国的工业化进程迈向后期阶段之后，中国经济的许多领域都将发生根本性变化，例如经济增长将由投资驱动过渡到创新驱动。当创新驱动降临之后，城市的可持续发展将依赖于创新能力的强弱。因此在资源约束的视角下深度审视工业化进程对城市创新能力的影响将对工业化后期阶段的城市可持续发展提供重要参考。

学者对于工业化的关注由来已久，吕贝尔特（1983）把劳动过程由手工操作向机器生产的转变过程定义为工业化过程，库兹涅茨（1989）则把资源从农业生产流向非农业生产的过程定义为工业化过程，这两大定义得到了大多数学者的支持。对于工业化进程的衡量指标通常有三个：Chenery et al.（1970）、Chenery et al.（1975）采用人均 GDP 和城市化率两大指标，人均 GDP 越高、城市化率越高则工业化程度越高；库兹涅茨（1989）采用产业结构作为衡量指标，第一产业占比越低、第三产业占比越高，则工业化程度越高。对于城市创新能力的研究，源于 Solow（1957）对国家创新能力的测度，其采用的测度指标是生产率。Jungmittag（2006）则采用了专利数作为国家创新能力的测度指标，并对欧盟 15 国进行了实证分析。Furmanet al.（2002）在其国家创新能力理论中认为创新能力由三大支柱构成：基于产业集群的微观创新环境、创新基础设施、创新基础设施与产业集群的联结质量。Porter et al.（2000）以 OECD 国家为样本对创新能力影响因素进行了实证研究，得出的结论是创新基础设施对创新能力有着重要影响。对国家创新能力进行演绎便得出了城市创新能力，Crevoisier（1998）开始关注城市与创新的关系，其发现城市是信息、品牌、知识、技术等创新资源的集聚地和载体。Prahalad（1990）认为创新是城市的核心竞争力，这一观点可视为城市创新能力概念的重要起源。

从工业化研究文献与城市创新能力的研究文献来看，目前缺乏对工业化与城市创新能力两者之间关系的研究，而对于在资源约束条件下探讨工业化进程对城市创新能力的影响更是鲜见。本书以长三角城市圈 16 城市的面板数据为样本，采用门限面板回归模型实证检验资源门限下工业化进程对城市创新能力的影响，以期为工业化研究和城市创新能力研究提供一个新的视角和维度，这便是本书的小小创新。

二、模型、变量与数据

（一）实证模型设定

在参照崔宇明（2013）、李平等（2014）等学者的研究成果基础上，本书采用门限面板数据模型来检验资源门限下工业化进程对城市创新能力的影响。在 Hansen（1996，1999，2000）的研究中，门限面板回归模型的表达式如下：

$$y_{it} = \alpha i + \theta'_1 x_{it} + \mu_{it} \qquad q1i \leqslant \gamma \qquad (1)$$

$$y_{it} = \alpha i + \theta'_2 x_{it} + \mu_{it} \qquad q2i > \gamma \qquad (2)$$

上述表达式中，y_{it} 代表被解释变量，在本书中是城市创新能力；x_{it} 代表解释变量，x_{it} 是一个多元的列向量；q_i 是门限变量，它既可以是被解释变量，也可以是外生变量，在本书中门限变量即为资源禀赋（包括人力资源、物质资源、环境资源三个指标）；γ 是资源禀赋的门限值，以 γ 为门限，y_{it} 划分成两个组别（单一门限的情况下）；a_i 是特征值，u_{it} 是随机误差项。为了进一步简化模型，Hansen（1996，1999，

2000）设置了一个虚拟变量 $D_i(\gamma) = \{q_i \leqslant \gamma\}$，$D_i(\gamma)$ 可以视为一个指示函数，在 $q_i \leqslant \gamma$ 的情况下，$D_i(\gamma) = 1$，$q_i > \gamma$ 时，则 $D_i(\gamma) = 0$。引入 $x_i(\gamma) = x_i D_i(\gamma)$，则（1）式、（2）式可以转换成以下形式：

$$y_{it} = \alpha i + \theta'_1 x_{it} D i(q i \leqslant \gamma) + \theta'_2 x_{it} D i(q i > \gamma) + \mu_{it} \qquad (3)$$

对（3）式进行 OLS 估计，得到残差平方和如下：

$$S1(\gamma) = \hat{u}_{it}(\gamma)' \hat{u}_{it}(\gamma) \qquad (4)$$

于是可得其门限估计值：

$$\hat{\gamma} = \text{argmin } S1(\gamma) \qquad (5)$$

（4）式对应的残差方差为：

$$\hat{\sigma}^2 = T^{-1} \hat{u}_{it}(\hat{\gamma})' \hat{u}_{it}(\hat{\gamma}) = T^{-1} S1(\hat{\gamma}) \qquad (6)$$

在 Hansen（2000）的研究中，通过（5）式对门限变量的所有观察值进行"识别"，于是就可以得到门限估计值。门限估计值确定之后，下一个步骤就是检验门限效应，检验门限效应的原假设、备选假设如下：

$$H0 : \theta'_1 = \theta'_2 \qquad H1 : \theta'_1 \neq \theta'_2 \qquad (7)$$

如果原假设成立，（3）式演变成线性模型，此时门限效应不存在，如果原假设成立，则门限效应存在。设若 S_0 表示无门限效应下残差平方和的总和，S_1 表示存在门限效应下残差平方和的总和。于是检验门限效应的似然比计算公式如下：

$$F = \frac{S_0(\gamma) - S_1(\gamma)}{\sigma^2} \qquad (8)$$

检验门限效应置信区间的似然比计算公式如下：

$$LR(\gamma 0) = \frac{S_0(\gamma) - S_1(\hat{\gamma})}{\hat{\sigma}^2} \qquad (9)$$

若显著性水平是 δ，在 $LR(\gamma_0) \leqslant f(\delta) = -2\ln(1-\sqrt{1-\delta})$ 的情况下，接受原假设，即存在门限效应。

本书在门限面板回归模型的基础上，初步设定如下几个回归方程以检验资源门限（包括人力资源门限、物质资源门限、环境资源门限）下工业化进程对城市创新能力的影响。

1. 人力资源门限模型

$$(tec)_{it} = \alpha i + \beta 1(man)_{it} + \beta 2(fin)_{it} + \beta 3(open)_{it} +$$
$$\theta 1(gdp)_{it}D(man_{it} \leqslant \gamma) + \theta 2(gdp)_{it}D(man_{it} > \gamma) + u_{it}$$
$$(10)$$

$$(tec)_{it} = \alpha i + \beta 1(man)_{it} + \beta 2(fin)_{it} + \beta 3(open)_{it} +$$
$$\theta 1(ind)_{it}D(man_{it} \leqslant \gamma) + \theta 2(ind)_{it}D(man_{it} > \gamma) + u_{it}$$
$$(11)$$

$$(tec)_{it} = \alpha i + \beta 1(man)_{it} + \beta 2(fin)_{it} + \beta 3(open)_{it} +$$
$$\theta 1(urb)_{it}D(man_{it} \leqslant \gamma) + \theta 2(urb)_{it}D(man_{it} > \gamma) + u_{it}$$
$$(12)$$

$$(pat)_{it} = \alpha i + \beta 1(man)_{it} + \beta 2(fin)_{it} + \beta 3(open)_{it} +$$
$$\theta 1(gdp)_{it}D(man_{it} \leqslant \gamma) + \theta 2(gdp)_{it}D(man_{it} > \gamma) + u_{it}$$
$$(13)$$

$$(pat)_{it} = \alpha i + \beta 1(man)_{it} + \beta 2(fin)_{it} + \beta 3(open)_{it} +$$
$$\theta 1(ind)_{it}D(man_{it} \leqslant \gamma) + \theta 2(ind)_{it}D(man_{it} > \gamma) + u_{it}$$
$$(14)$$

$$(pat)_{it} = \alpha i + \beta 1(man)_{it} + \beta 2(fin)_{it} + \beta 3(open)_{it} +$$
$$\theta 1(urb)_{it}D(man_{it} \leqslant \gamma) + \theta 2(urb)_{it}D(man_{it} > \gamma) + u_{it}$$
$$(15)$$

2. 物质资源门限模型

$$(tec)_{it} = \alpha i + \beta 1(cap)_{it} + \beta 2(fin)_{it} + \beta 3(open)_{it} +$$
$$\theta 1(gdp)_{it} D(cap_{it} \leqslant \gamma) + \theta 2(gdp)_{it} D(cap_{it} > \gamma) + u_{it}$$
$$(16)$$

$$(tec)_{it} = \alpha i + \beta 1(cap)_{it} + \beta 2(fin)_{it} + \beta 3(open)_{it} +$$
$$\theta 1(ind)_{it} D(cap_{it} \leqslant \gamma) + \theta 2(ind)_{it} D(cap_{it} > \gamma) + u_{it} \quad (17)$$

$$(tec)_{it} = \alpha i + \beta 1(cap)_{it} + \beta 2(fin)_{it} + \beta 3(open)_{it} +$$
$$\theta 1(urb)_{it} D(cap_{it} \leqslant \gamma) + \theta 2(urb)_{it} D(cap_{it} > \gamma) + u_{it} \quad (18)$$

$$(pat)_{it} = \alpha i + \beta 1(cap)_{it} + \beta 2(fin)_{it} + \beta 3(open)_{it} +$$
$$\theta 1(gdp)_{it} D(cap_{it} \leqslant \gamma) + \theta 2(gdp)_{it} D(cap_{it} > \gamma) + u_{it}$$
$$(19)$$

$$(pat)_{it} = \alpha i + \beta 1(cap)_{it} + \beta 2(fin)_{it} + \beta 3(open)_{it} +$$
$$\theta 1(ind)_{it} D(cap_{it} \leqslant \gamma) + \theta 2(ind)_{it} D(cap_{it} > \gamma) + u_{it}$$
$$(20)$$

$$(pat)_{it} = \alpha i + \beta 1(cap)_{it} + \beta 2(fin)_{it} + \beta 3(open)_{it} +$$
$$\theta 1(urb)_{it} D(cap_{it} \leqslant \gamma) + \theta 2(urb)_{it} D(cap_{it} > \gamma) + u_{it}$$
$$(21)$$

3. 环境资源门限模型

$$(tec)_{it} = \alpha i + \beta 1(env)_{it} + \beta 2(fin)_{it} + \beta 3(open)_{it} +$$
$$\theta 1(gdp)_{it} D(env_{it} \leqslant \gamma) + \theta 2(gdp)_{it} D(env_{it} > \gamma) + u_{it}$$
$$(22)$$

$$(tec)_{it} = \alpha i + \beta 1(env)_{it} + \beta 2(fin)_{it} + \beta 3(open)_{it} +$$
$$\theta 1(ind)_{it} D(env_{it} \leqslant \gamma) + \theta 2(ind)_{it} D(env_{it} > \gamma) + u_{it} \quad (23)$$

$$(tec)_{it} = \alpha i + \beta 1(env)_{it} + \beta 2(fin)_{it} + \beta 3(open)_{it} +$$
$$\theta 1(urb)_{it}D(env_{it} \leqslant \gamma) + \theta 2(urb)_{it}D(env_{it} > \gamma) + u_{it} \quad (24)$$

$$(pat)_{it} = \alpha i + \beta 1(env)_{it} + \beta 2(fin)_{it} + \beta 3(open)_{it} +$$
$$\theta 1(gdp)_{it}D(env_{it} \leqslant \gamma) + \theta 2(gdp)_{it}D(env_{it} > \gamma) + u_{it}$$
$$(25)$$

$$(pat)_{it} = \alpha i + \beta 1(env)_{it} + \beta 2(fin)_{it} + \beta 3(open)_{it} +$$
$$\theta 1(ind)_{it}D(env_{it} \leqslant \gamma) + \theta 2(ind)_{it}D(env_{it} > \gamma) + u_{it}$$
$$(26)$$

$$(pat)_{it} = \alpha i + \beta 1(env)_{it} + \beta 2(fin)_{it} + \beta 3(open)_{it} +$$
$$\theta 1(urb)_{it}D(env_{it} \leqslant \gamma) + \theta 2(urb)_{it}D(env_{it} > \gamma) + u_{it} \quad (27)$$

在（10）到（27）式中，i 为截面，即长三角城市圈 16 个核心城市[①]，t 为时间，即 2000—2013 年。ai 是反映地区差异的特征值，γ 是相应门限变量的门限值。其他变量符号的含义、衡量指标详情见表 3-1。回归方程中各变量的样本观测值均是对数化处理后的值，数据来源于长三角 16 城市 2001—2014 年的《统计年鉴》。

（二）变量及数据说明

1. 城市创新能力

城市创新能力是被解释变量，它通常有两个衡量指标：技术市场成交额、专利授权数量（李倩，2013；刘孝斌，2014）。本书选择这两

---

① 2010 年国务院批准实施的《长江三角洲地区区域规划》将上海、南京、苏州、无锡、常州、镇江、扬州、泰州、南通、杭州、宁波、湖州、嘉兴、绍兴、舟山、台州共 16 个城市确定为长三角核心区，因此本书把这 16 个城市作为长三角城市圈 16 个核心城市。下同。

个指标作为城市创新能力的衡量指标，tec 表示以技术市场成交额衡量的城市创新能力，pat 表示以专利授权数量衡量的城市创新能力。tec、pat 均是对数化处理后的值，tec、pat 值越大，则城市创新能力越强。样本数据来源于长三角 16 城市 2001—2014 年的《统计年鉴》。

2. 门限变量

本书中的门限变量为资源禀赋，为了对资源门限进行深度观察，本书将资源门限变量分解成三个子变量：人力资源（man）、物质资源（cap）、环境资源（env）。对于人力资源，本书用城镇以上单位人才资源数量作为衡量指标；对于物质资源，本书用固定资产投资额作为衡量指标；对于环境资源，本书用单位 GDP 废水排放量作为衡量指标，这是一个反向指标，指标值越大，环境资源越稀缺。man、cap、env 均是对数化处理后的值，man、cap 是正向指标，env 是反向指标。样本数据来源于长三角 16 城市 2001—2014 年的《统计年鉴》。

3. 工业化进程

工业化进程是本书中的被解释变量。钱纳里将人均 GDP 和城市化作为工业化进程的衡量指标，库兹涅茨将产业结构作为工业化进程的衡量指标。本书沿袭钱纳里与库兹涅茨的研究成果，用人均 GDP（gdp）、产业结构（ind）[①]、城市化率（urb）三个指标作为工业化进程的衡量指标。gdp、ind、urb 均是对数化处理后的值，值越大则工业化程度越高。样本数据来源于长三角 16 城市 2001—2014 年的《统计年鉴》。

---

① 产业结构用第三产业占比进行度量。

表 3-1 各变量的详细说明

变量类型	表示符号	变量含义	衡量指标	参考文献
被解释变量	tec	城市创新能力	技术市场成交额	李倩（2013）、刘孝斌（2014）、
被解释变量	pat	城市创新能力	专利授权数量	Acs et al.（2002）、Robins（1990）
门限变量	man	人力资源	城镇以上单位人才资源数量	Audertsch（1998）、Vandenbussche（2006）
门限变量	cap	物质资源	固定资产和投资额	Caglayan and Torres（2008）
门限变量	env	环境资源	单位 GDP 污水排放量	Seppalaa et al.（2005）
解释变量	gdp	工业化进程	人均 GDP	Chenery et al.（1975）、
解释变量	ind	工业化进程	产业结构（第三产业占比）	Chenery et al.（1970）、Solow（1956）、吕贝尔特（1983）、库兹涅茨（1989）、
解释变量	urb	工业化进程	城市化率	Lin and Chen（2011）
控制变量	fin	金融发展水平	金融机构本外币存贷款余额/GDP	Shaw（1973）、Goldsmith（1969）、McKinnon（1973）
控制变量	open	经济外向程度	经营单位所在地进出口总额	Boarnet（1998）

本书选取的样本是长三角城市圈 16 个核心城市 2000—2013 年的面板数据，数据来源于长三角 16 城市 2001—2014 年的《统计年鉴》。各变量的观测值均是对数化处理后的值，数据的描述性统计见表 3-2。

表 3-2 变量的描述性统计[①]

Variable		Mean	Std. Dev.	Min	Max	Observations
tec	overall	3.895613	1.343443	1.488999	7.87606	N = 224
	between	—	1.215435	2.52105	6.950638	n = 16
	within	—	0.5701315	2.556025	5.641172	T−bar = 9.41176

---

① 描述性统计结果采用 stata11 软件计算而来。

Variable		Mean	Std. Dev.	Min	Max	Observations
pat	overall	9.941668	1.001443	7.990412	12.38536	N = 224
	between	—	0.90587	8.830054	11.72592	n = 16
	within	—	0.4505792	8.827922	10.80952	T−bar = 9.41176
man	overall	11.40724	1.001443	9.455988	13.85094	N = 224
	between	—	0.90587	10.29563	13.1915	n = 16
	within	—	0.4505792	10.2935	12.27509	T−bar = 9.41176
cap	overall	5.142921	1.343443	2.736306	9.123368	N = 224
	between	—	1.215435	3.768357	8.197945	n = 16
	within	—	0.5701315	3.803332	6.888479	T−bar = 9.41176
env	overall	−2.487007	0.398821	−3.336492	−1.551721	N = 224
	between	—	0.2572083	−2.833637	−1.990904	n = 16
	within	—	0.3065977	−3.13455	−1.901215	T−bar = 9.41176
gdp	overall	1.107561	0.605748	−0.2816347	2.270839	N = 224
	between	—	0.4485503	0.4404125	1.86762	n = 16
	within	—	0.408636	0.1361999	1.814158	T−bar = 9.41176
ind	overall	−0.8903498	0.2137151	−1.237515	−0.2300053	N = 224
	between	—	0.2082246	−1.184224	−0.2787167	n = 16
	within	—	0.0573388	−1.01705	−0.7178955	T−bar = 9.41176
urb	overall	−0.5438563	0.2557212	−1.127755	−0.0549687	N = 224
	between	—	0.2542298	−0.9560191	−0.061551	n = 16
	within	—	0.0644167	−0.715592	−0.3903709	T−bar = 9.41176
fin	overall	0.7434685	0.2137151	0.3963037	1.403813	N = 224
	between	—	0.2082246	0.4495945	1.355102	n = 16
	within	—	0.0573388	0.6167678	0.9159228	T−bar = 9.41176

续表

Variable		Mean	Std. Dev.	Min	Max	Observations
	overall	17.72874	1.370194	15.11767	20.16833	N = 224
open	between	—	1.279111	15.89519	19.74939	n = 16
	within	—	0.4919606	16.43672	18.94843	T−bar = 9.41176

数据来源：长三角 16 城市 2001—2014 年的《统计年鉴》。

三、实证检验

（一）门限效应检验

对人力资源门限模型进行门限效应检验，得出的检验结果如表 3-3 所示①。回归方程（10）、（11）、（12）式都以 tec 为被解释变量，都存在 1 个 man 门限值（γ 为 11.4217），回归方程（13）、（14）、（15）式都以 pat 为被解释变量，都存在 1 个 man 门限值（γ 为 10.9397）。

对物质资源门限模型进行门限效应检验，得出的检验结果如表 3-4 所示。回归方程（16）、（17）、（18）式都以 tec 为被解释变量，都存在 1 个 cap 门限值（γ 为 6.3821），回归方程（19）、（20）、（21）式都以 pat 为被解释变量，都存在 1 个 cap 门限值（γ 为 7.1028）。

对环境资源门限模型进行门限效应检验，得出的检验结果如表 3-5 所示。回归方程（22）、（23）、（24）式都以 tec 为被解释变量，都存在 1 个 cap 门限值（γ 为−2.0264），回归方程（25）、（26）、（27）式都

---

① 门限效应的检验方法比较常用的是"格子搜索"。先将门限变量（本书中是 man、cap、env）升序排列，忽略掉前后 10% 的样本值后，选取门限变量的不同门限值对计量模型进行逐一估计，求得残差。再根据残差平方和最小原则对门限值进行估计。最后用自助抽样法对似然比统计量进行模拟，从而对门限效应做进一步确认。

以 *pat* 为被解释变量，都存在 1 个 *cap* 门限值（γ 为 −2.3617）。

表 3-3　人力资源门限模型的门限效应检验（门限变量为 *man*）

回归方程	H_0	H_1	F 统计量的 P 值	结论
（10）式 （11）式	无门限效应	1 个门限	0.0027***	拒绝 H_0
（12）式	1 个门限	2 个门限	0.2422	接受 H_0
（13）式 （14）式	无门限效应	1 个门限	0.0051**	拒绝 H_0
（15）式	1 个门限	2 个门限	0.3516	接受 H_0

表 3-4　物质资源门限模型的门限效应检验（门限变量为 *cap*）

回归方程	H_0	H_1	F 统计量的 P 值	结论
（16）式 （17）式	无门限效应	1 个门限	0.0000***	拒绝 H_0
（18）式	1 个门限	2 个门限	0.0681	接受 H_0
（19）式 （20）式	无门限效应	1 个门限	0.0000***	拒绝 H_0
（21）式	1 个门限	2 个门限	0.1032	接受 H_0

表 3-5　环境资源门限模型的门限效应检验（门限变量为 *env*）

回归方程	H_0	H_1	F 统计量的 P 值	结论
（22）式 （23）式	无门限效应	1 个门限	0.0317**	拒绝 H_0
（24）式	1 个门限	2 个门限	0.0728	接受 H_0
（25）式 （26）式	无门限效应	1 个门限	0.0000***	拒绝 H_0
（27）式	1 个门限	2 个门限	0.1722	拒绝 H_0

（二）门限面板回归模型的检验

人力资源门限模型的估计结果见表 3-6。本书分别采用了线性（个体固定效应）和非线性（面板门限回归）回归两种估计方法，从估计结果来看非线性回归的拟合优度及变量的显著性均较好，这表明变量之间存在显著的非线性关系。（10）到（12）式的被解释变量是以技术市场成交额衡量的城市创新能力，（13）到（15）式的被解释变量是以专利授权数量衡量的城市创新能力，因此（13）到（15）式可以视为（10）到（12）式的稳定性检验，以排除内生性问题。表 3-6 中的结果显示，当人力资源处于较小规模时（即小于门限值），工业化进程子变量——人均 GDP 对城市创新能力产生了显著的负向影响〔在（10）式中，gdp（$man \leqslant \gamma_1$）的估计系数为 -1.296，P 值为 0.013，在 5% 的显著性水平上显著；在（13）式中，gdp（$man \leqslant \gamma_1$）的估计系数为 -0.082，P 值为 0.037，在 5% 的显著性水平上显著〕。当人力资源突破门限值后，工业化进程子变量——人均 GDP 对城市创新能力产生了显著的正向影响〔在（10）式中，gdp（$man > \gamma_1$）的估计系数为 2.138，P 值为 0.000，在 1% 的显著性水平上显著；在（13）式中，gdp（$man > \gamma_1$）的估计系数为 0.186，P 值为 0.000，在 1% 的显著性水平上显著〕。当人力资源小于门限值时，工业化进程的子变量——产业结构对城市创新能力产生了显著的正向影响〔在（11）式中，ind（$man \leqslant \gamma$）的估计系数为 0.891，P 值为 0.076，在 10% 的显著性水平上显著；但是在（14）式中 ind（$man \leqslant \gamma$）的估计系数为 -0.108，产业结构对城市创新能力的影响由正变为负〕。当人力资源突破门限值后，工业化进程的子变量——产业结构对城市创新能力显著的正向影响，并且影响系数更大〔在（11）式中，ind（$man > \gamma$）的估计系数为 2.196，P 值为

表 3-6 人力资源门限模型的估计结果

项目	(10)式 个体固定效应	(10)式 面板门限回归	(11)式 个体固定效应	(11)式 面板门限回归	(12)式 个体固定效应	(12)式 面板门限回归	(13)式 个体固定效应	(13)式 面板门限回归	(14)式 个体固定效应	(14)式 面板门限回归	(15)式 个体固定效应	(15)式 面板门限回归
常数项	5.100 (0.158)	4.777 (0.178)	9.181 (0.011)	7.258 (0.058)	11.172 (0.004)	11.198 (0.004)	−1.290 (0.004)	−1.288 (0.000)	−1.506 (0.000)	−1.028 (0.008)	−1.543 (0.000)	−0.530 (0.004)
man	−0.291 (0.168)	−0.261 (0.016)	−0.782 (0.000)	−0.713 (0.000)	−0.737 (0.000)	−0.7341 (0.000)	1.064 (0.000)	1.042 (0.000)	1.016 (0.000)	0.980 (0.000)	1.018 (0.000)	0.967 (0.000)
fin	1.222 (0.007)	1.089 (0.015)	1.301 (0.022)	−5.246 (0.135)	0.516 (0.067)	0.506 (0.077)	0.0314 (0.095)	−1.135 (0.000)	−0.070 (0.030)	0.168 (0.031)	0.039 (0.062)	0.008 (0.071)
$open$	0.0164 (0.008)	0.0583 (0.079)	0.254 (0.037)	0.301 (0.018)	0.104 (0.450)	0.104 (0.054)	−0.060 (0.765)	−0.049 (0.000)	−0.001 (0.765)	−0.018 (0.141)	−0.003 (0.533)	0.032 (0.000)
gdp	0.8240 (0.003)						0.141 (0.000)					
ind			0.975 (0.033)		2.074 (0.012)				0.040 (0.340)			
urb											0.001 (0.981)	
gdp ($man \leqslant \gamma_1$)		−1.296 (0.013)						−0.082 (0.037)				

续表

项目	(10)式 个体固定效应	(10)式 面板门限回归	(11)式 个体固定效应	(11)式 面板门限回归	(12)式 个体固定效应	(12)式 面板门限回归	(13)式 个体固定效应	(13)式 面板门限回归	(14)式 个体固定效应	(14)式 面板门限回归	(15)式 个体固定效应	(15)式 面板门限回归
gdp ($man>\gamma$)		2.138 (0.000)						.186 (0.000)				
ind ($man\leqslant\gamma$)				0.891 (0.076)						−0.108 (0.033)		
ind ($man>\gamma$)				2.196 (0.034)						0.218 (0.031)		
urb ($man\leqslant\gamma$)						−0.181 (0.813)						0.028 (0.437)
urb ($man>\gamma$)						2.294 (0.066)						0.097 (0.098)
R^2	0.5153	0.6138	0.1604	0.2457	0.2219	0.2297	0.9950	0.9968		0.9963	0.9977	0.9955
Hausman 检验	98.69 (0.000)	83.22 (0.000)	121.78 (0.000)	73.66 (0.000)	84.67 (0.000)	67.23 (0.000)	9249.00 (0.000)	422.30 (0.000)	346.59 (0.000)	655.39 (0.000)	369.44 (0.000)	471.08 (0.000)
F 检验	29.14 (0.000)	39.70 (0.000)	27.54 (0.000)	47.39 (0.000)	35.53 (0.000)	34.39 (0.000)	29.06 (0.000)	16.37 (0.000)	20.13 (0.000)	14.28 (0.000)	63.85 (0.000)	83.96 (0.000)

注：表中（）中的值为 P 值，下同。

0.034，在 5％ 的显著性水平上显著；在（14）中 ind（$man > \gamma$）的估计系数为 0.218，P 值为 0.031，在 5％ 的显著性水平上显著]。当人力资源小于门限值时，工业化进程的子变量——城市化率对城市创新能力的影响是不显著的 [在（12）式中，urb（$man \leqslant \gamma$）的估计系数为 −0.181，但是 P 值为 0.813，没有通过显著性检验；在（15）式中 urb（$man \leqslant \gamma$）的估计系数为 0.028，但是 P 值为 0.437，没有通过显著性检验]。当人力资源突破门限值后，工业化进程的子变量——城市化率对城市创新能力产生了显著的正向影响 [在（12）式中，urb（$man > \gamma$）的估计系数为 2.294，P 值为 0.066，在 10％ 的显著性水平上显著；在（15）式中，urb（$man > \gamma$）的估计系数为 0.097，P 值为 0.098，在 10％ 的显著性水平上显著]。

物质资源门限模型的估计结果见表 3-7。从变量的显著性来看，（16）到（21）式的非线性关系非常明显。（16）到（18）式的被解释变量是以技术市场成交额衡量的城市创新能力，（19）到（21）式的被解释变量是以专利授权数量衡量的城市创新能力，（19）到（21）式可以视为（16）到（18）式的稳定性检验，以排除内生性问题。表 3-7 中的结果显示，当物质资源低于门限值时，工业化进程的子变量——人均 GDP 对城市创新能力产生了负向影响，这种负向影响在（19）式中是显著的 [在（16）中，gdp（$cap \leqslant \gamma$）的估计系数为 −0.128，P 值为 0.211，未通过显著性检验；在（19）式中，gdp（$cap \leqslant \gamma$）的估计系数为 −1.01，P 值为 0.000，在 1％ 的显著性水平上显著]；当物质资源突破门限值后，人均 GDP 对城市创新能力产生了显著的正向影响 [在（16）中，gdp（$cap > \gamma$）的估计系数为 0.239，P 值为 0.032，在 5％ 的显著性水平上显著；在（19）式中，gdp（$cap > \gamma$）的估计系数为 0.131，P 值为 0.079，在 10％ 的显著性水平上显著]。当物质资源低

表 3-7 物质资源门限模型的估计结果

项目	(16)式		(17)式		(18)式		(19)式		(20)式		(21)式	
	个体固定效应	面板门限回归	个体固定效应	面板门限回归	个体固定效应	面板门限回归	个体固定效应	面板门限回归	个体固定效应	面板门限回归	个体固定效应	面板门限回归
常数项	−2.398 (0.000)	−0.429 (0.337)	−1.012 (0.001)	−1.598 (0.000)	−1.642 (0.000)	−1.924 (0.000)	−5.865 (0.000)	12.595 (0.000)	1.852 (0.252)	21.934 (0.000)	−6.954 (0.000)	18.121 (0.000)
cap	0.956 (0.000)	0.947 (0.000)	0.908 (0.000)	0.970 (0.000)	0.936 (0.000)	0.983 (0.000)	−0.074 (0.218)	−0.069 (0.054)	−0.424 (0.000)	0.192 (0.000)	0.214 (0.009)	−0.191 (0.000)
fin	0.553 (0.000)	0.063 (0.096)	0.880 (0.000)	0.3683 (0.074)	0.714 (0.000)	0.081 (0.016)	0.281 (0.008)	0.149 (0.087)	−0.631 (0.178)	5.684 (0.003)	1.225 (0.001)	0.320 (0.034)
$open$	0.122 (0.000)	0.015 (0.077)	0.102 (0.000)	0.047 (0.004)	0.097 (0.000)	0.057 (0.007)	1.018 (0.000)	0.093 (0.045)	0.640 (0.000)	0.639 (0.000)	0.851 (0.000)	0.476 (0.000)
gdp	−0.061 (0.101)						−1.890 (0.000)					
ind			0.662 (0.000)		0.264 (0.012)							
urb									0.750 (0.059)		3.174 (0.000)	
gdp ($cap \leqslant \gamma$)		−0.128 (0.211)						−1.01 (0.000)				

续表

项目	(16)式		(17)式		(18)式		(19)式		(20)式		(21)式	
	个体固定效应	面板门限回归	个体固定效应	面板门限回归	个体固定效应	面板门限回归	个体固定效应	面板门限回归	个体固定效应	面板门限回归	个体固定效应	面板门限回归
gdp ($cap > \gamma$)		0.239 (0.032)						0.131 (0.079)				
ind ($cap \leqslant \gamma$)				-0.010 (0.013)						0.264 (0.045)		
ind ($cap > \gamma$)				0.283 (0.063)						5.246 (0.006)		2.032 (0.002)
urb ($cap \leqslant \gamma$)						-0.167 (0.047)						-0.381 (0.046)
urb ($cap > \gamma$)						0.017 (0.098)						
R^2	0.9863	0.9759	0.9884	0.9802	0.9866	0.9783	0.7472	0.9194	0.3610	0.5996	0.5775	0.8733
$Hausman$ 检验	785.01 (0.000)	905.96 (0.000)	305.64 (0.000)	706.04 (0.000)	557.64 (0.000)	777.98 (0.000)	114.54 (0.000)	314.75 (0.000)	21.89 (0.000)	179.26 (0.000)	47.50 (0.000)	168.17 (0.000)
F 检验	30.27 (0.000)	43.94 (0.000)	21.83 (0.000)	27.72 (0.000)	46.82 (0.000)	63.92 (0.000)	71.35 (0.000)	131.97 (0.000)	62.39 (0.000)	196.42 (0.000)	112.31 (0.000)	138.38 (0.000)

于门限值时，工业化进程的子变量——产业结构对城市创新能力产生的影响不确定，在（17）式中是显著为负，在（20）式中是显著为正〔在（17）式中，$ind(cap \leqslant \gamma)$ 的估计系数为 -0.010，P 值为 0.013，在 5% 的显著性水平上显著；在（20）式中，$ind(cap \leqslant \gamma)$ 的估计系数 0.264，P 值为 0.045，在 5% 的显著性水平上显著〕；当物质资源突破门限值后，产业结构对城市创新能力产生了显著的正向影响〔在（17）式中，$ind(cap > \gamma)$ 的估计系数为 0.283，P 值为 0.063，在 10% 的显著性水平上显著；在（20）式中，$ind(cap > \gamma)$ 的估计系数为 5.246，P 值为 0.006，在 1% 的显著性水平上显著〕。当物质资源低于门限值时，工业化进程的子变量——城市化率对城市创新能力产生了显著的负向影响〔在（18）式中，$urb(cap \leqslant \gamma)$ 的估计系数是 -0.167，P 值为 0.047，在 5% 的显著性水平上显著；在（21）式中，$urb(cap \leqslant \gamma)$ 的估计系数是 -0.381，P 值为 0.046，在 5% 的显著性水平上显著〕；当物质资源突破门限值后，城市化率对城市创新能力产生了显著的正向影响〔在（18）式中，$urb(cap > \gamma)$ 的估计系数是 0.017，P 值为 0.098，在 10% 的显著性水平上显著；在（21）式中，$urb(cap > \gamma)$ 的估计系数是 2.032，P 值为 0.002，在 1% 的显著性水平上显著〕。

环境资源门限模型的估计结果见表 3-8。从变量的显著性来看，变量之间的非线性关系明显存在。（22）到（24）式的被解释变量是以技术市场成交额衡量的城市创新能力，（25）到（27）式的被解释变量是以专利授权数量衡量的城市创新能力，因此（25）到（27）式可以视为（22）到（24）式的稳定性检验，以排除内生性问题。表 3-8 中的结果显示，当环境资源低于门限值时（此时环境资源处于较丰裕状态），工业化进程单位子变量——人均 GDP 对城市创新能力产生了显著的正

表 3-8 环境资源门限模型的估计结果

项目	(22)式 个体固定效应	(22)式 面板门限回归	(23)式 个体固定效应	(23)式 面板门限回归	(24)式 个体固定效应	(24)式 面板门限回归	(25)式 个体固定效应	(25)式 面板门限回归	(26)式 个体固定效应	(26)式 面板门限回归	(27)式 个体固定效应	(27)式 面板门限回归
常数项	-6.881 (0.000)	0.837 (0.740)	0.634 (0.617)	-1.836 (0.498)	-3.956 (0.002)	4.288 (0.159)	-5.408 (0.000)	10.906 (0.000)	-5.870 (0.000)	12.291 (0.000)	-8.335 (0.000)	9.182 (0.000)
env	0.394 (0.191)	-0.248 (0.030)	0.700 (0.000)	0.755 (0.000)	0.484 (0.004)	0.815 (0.000)	-0.434 (0.059)	-0.592 (0.000)	-1.794 (0.000)	-0.966 (0.000)	-1.405 (0.000)	-1.007 (0.000)
fin	1.289 (0.000)	0.152 (0.052)	0.689 (0.040)	7.898 (0.026)	0.711 (0.040)	0.508 (0.084)	0.077 (0.693)	0.102 (0.338)	0.287 (0.386)	3.765 (0.009)	0.944 (0.000)	0.019 (0.841)
$open$	0.589 (0.000)	0.095 (0.013)	0.480 (0.000)	0.461 (0.000)	0.522 (0.000)	0.166 (0.243)	0.899 (0.000)	0.112 (0.064)	0.574 (0.000)	0.277 (0.000)	0.713 (0.000)	0.143 (0.003)
gdp	0.224 (0.067)						-1.553 (0.000)					
ind			3.325 (0.000)		1.435 (0.001)				-1.078 (0.012)			
urb											-2.447 (0.000)	
gdp ($env \leq \gamma$)		2.846 (0.000)						0.111 (0.013)				

89

续表

项目	(22)式		(23)式		(24)式		(25)式		(26)式		(27)式	
	个体固定效应	面板门限回归	个体固定效应	面板门限回归	个体固定效应	面板门限回归	个体固定效应	面板门限回归	个体固定效应	面板门限回归	个体固定效应	面板门限回归
gdp $(env>\gamma)$		-1.552 (0.004)						-0.616 (0.019)				
ind $(env\leqslant\gamma)$				0.979 (0.060)						3.552 (0.013)		
ind $(env>\gamma)$				7.744 (0.028)						0.248 (0.036)		
urb $(env\leqslant\gamma)$						3.383 (0.006)						0.197 (0.059)
urb $(env>\gamma)$						-0.295 (0.707)						-1.618 (0.000)
R^2	0.7514	0.7364	0.8202	0.7073	0.7717	0.7198	0.7505	0.9279	0.6923	0.9237	0.7660	0.9451
Hausman 检验	117.10 (0.000)	77.12 (0.000)	176.73 (0.000)	66.69 (0.000)	117.47 (0.000)	62.68 (0.000)	116.57 (0.000)	355.43 (0.000)	87.17 (0.000)	334.18 (0.000)	113.77 (0.000)	419.91 (0.000)
F 检验	27.64 (0.000)	38.35 (0.000)	30.24 (0.000)	21.94 (0.000)	42.58 (0.000)	30.59 (0.000)	74.37 (0.000)	147.63 (0.000)	54.93 (0.000)	178.00 (0.000)	108.37 (0.000)	170.89 (0.000)

向影响〔在（22）式中，gdp（$env \leqslant \gamma$）的估计系数为 2.846，P 值为 0.000，在 1％的显著性水平上显著；在（25）式中，gdp（$env \leqslant \gamma$）的估计系数为 0.111，P 值为 0.013，在 5％的显著性水平上显著〕；当环境资源突破门限值后（此时环境资源处于较稀缺状态），人均 GDP 对城市创新能力产生了显著的负向影响〔在（22）式中，gdp（$env > \gamma$）的估计系数为 -1.552，P 值为 0.004，在 1％的显著性水平上显著；在（25）式中 gdp（$env > \gamma$）的估计系数为 -0.616，P 值为 0.019，在 5％的显著性水平上显著〕。当环境资源低于门限值时，工业化进程的子变量——产业结构对城市创新能力产生了显著的正向影响〔在（23）式中，ind（$env \leqslant \gamma$）的估计系数为 0.979，P 值为 0.060，在 10％的显著性水平上显著；在（26）式中 ind（$env \leqslant \gamma$）的估计系数为 3.552，P 值为 0.013，在 5％的显著性水平上显著〕；当环境资源突破门限值后，产业结构对城市创新能力同样产生了显著的正向影响〔在（23）式中，ind（$env > \gamma$）的估计系数为 7.744，P 值为 0.028，在 5％的显著性水平上显著；在（26）式中 ind（$env > \gamma$）的估计系数为 0.248，P 值为 0.036，在 5％的显著性水平上显著〕。当环境资源低于门限值时，工业化进程的子变量——城市化率对城市创新能力产生了显著的正向影响〔在（24）式中，urb（$env \leqslant \gamma$）的估计系数为 3.383，P 值为 0.006，在 1％的显著性水平上显著；在（27）式中，urb（$env \leqslant \gamma$）的估计系数为 0.197，P 值为 0.059，在 10％的显著性水平上显著〕；当环境资源突破门限值后，城市化率对城市创新能力产生了负向影响，并且在（27）式中显著〔在（24）式中，urb（$env > \gamma$）的估计系数为 -0.295，P 值为 0.707，没有通过显著性检验；在（27）式中，urb（$env > \gamma$）的估计系数为 -1.618，P 值为 0.000，在 1％的显著性水平上显著〕。

四、本章结论及启示

本书以长三角 16 个城市 2000—2013 年的面板数据为样本,采用门限面板回归模型探讨了资源门限下工业化进程对城市创新能力的影响。人力资源、物质资源、环境资源为门限变量,城市创新能力为被解释变量,工业化进程为解释变量,细分成人均 GDP、产业结构、城市化三个子变量。通过人力资源门限模型、物质资源门限模型、环境资源门限模型的实证检验,得出了以下一些结论和启示。

当人力资源低于门限值时,即人力资源规模较小时,人均 GDP 对城市创新能力产生了显著的负向影响,产业结构对城市创新能力产生了显著的正向影响,城市化率对城市创新能力的影响不显著。当人力资源突破门限值后,即人力资源规模较大时,人均 GDP 对城市创新产生了显著的正向影响,产业结构对城市创新能力的正向影响比人力资源规模较小时更大,城市化率对城市创新能力的影响显著为正。这给我们的启示在于:工业化进程对城市创新能力的影响受到了人力资源的约束,人力资源的规模决定了工业化进程对城市创新能力的影响程度。因此,在工业化过程中需要通过人才培养、人才引进等手段强化城市的人力资源集聚功能,如此方能发挥工业化对城市创新能力的推动作用。

当物质资源低于门限值时,即物质资源规模较小时,人均 GDP 对城市创新能力产生了显著的负向影响,产业结构对城市创新能力的影响不确定,城市化对城市创新能力产生了显著的负向影响。这给我们的启示在于:如果物质资源没有跟上工业化的步伐,人均 GDP 的提高和城市化的推进反而会阻碍城市创新能力的提高。当物质资源突破门限值后，即物质资源规模较大时，人均 GDP 对城市创新能力产生了显著的正向影响，产业结构和城市化也对城市化产生了显著的正向影响。这给我们的启示在于：只有物质资源跟上工业化的步伐，达到一定的规模后，人均 GDP、产业结构和城市化才会对城市创新能力产生推动作用，因此在工业化过程中需要通过金融创新、现代金融工具的应用等方式来发挥城市的物质资源集聚功能，从而为城市创新能力的提高提供物质资源保障。

当环境资源低于门限值时，即环境资源较丰裕时，人均 GDP 、产业结构、城市化均对城市创新能力产生了显著的正向影响。当环境资源突破门限值后，即环境资源较稀缺时，人均 GDP 和城市化对城市创新能力产生了显著的负向影响，而产业结构仍然对城市创新能力发挥着显著的正向促进作用。这给我们的启示在于：工业化过程中必须重新审视环境承载力的重要性，在环境承载力可接受范围以内，工业化方能推动城市创新能力的提高，当环境承载力被突破后，工业化对城市创新能力的作用将会发生逆转。因此，生态环境保护将是工业化进程中的一项不可忽视的工作。

▶ 第四章

工业化后期：
金融效率与大湾区建设

一、问题提出

2017 年 7 月 1 日，《深化粤港澳合作推进大湾区建设框架协议》在香港签署，标志着粤港澳大湾区进入实质性的推进阶段。与此同时，粤港澳大湾区所代表的区域经济合作新模式也掀起了国内湾区经济建设的浪潮。在区域经济发展锦标赛的动力刺激下，中国沿海三大经济圈除珠三角率先进入湾区经济框架外，另外两大经济圈也在谋划自己的湾区经济建设框架：长三角正在以杭州湾为地理依托打造沪杭甬大湾区，京津冀尝试以渤海湾为空间纽带谋划环渤海大湾区。因此，未来在中国沿海将形成三大湾区：粤港澳大湾区、沪杭甬大湾区、环渤海大湾区。三大湾区之间的相互竞争及合作将为工业化后期中国经济的空间新格局添加新的色彩。

根据中国社会科学院工业经济研究所"中国工业化进程研究课题组" 2017 年 6 月份发布的研究报告，中国于 2010 年进入工业化后期，并且在 2015 年进一步踏入工业化后期的后半阶段。[①] 在中国总体上进入工业化后期之前，长三角、珠三角、京津冀三大经济圈早已提前迈入工业化后期的门槛。无论是人均 GDP，还是产业结构、城市化率，

---

① 中国社会科学院工业经济研究所"中国工业化进程研究课题组"与社会科学文献出版社在 2017 年 6 月 15 日共同发布了《工业化蓝皮书：中国工业化进程报告（1995－2015）》。根据这本书的观点，整个工业化进程分为前工业化、工业化初期、工业化中期、工业化后期和后工业化五个阶段，每一个阶段又分为前半阶段和后半阶段。中国在"十一五"末的 2010 年刚刚进入工业化后期前半阶段（工业化综合指数为 66），中国在"十二五"末的 2015 年则进入了工业化后期的后半阶段（工业化综合指数为 84）。关于中国社科院与社会科学文献出版社发布的这本蓝皮书的详细内容请参见：黄群慧，李芳芳. 工业化蓝皮书：中国工业化进程报告（1995－2015）［M］. 北京：社会科学文献出版社，2017 年 5 月.

这三大经济圈均遥遥领先国内其他地区。[①] 在工业化后期阶段，经济的内部结构和外部表征均会发生重要变化，这是中国三大湾区共同面临的现状。同时，三大湾区由于行政、地理、历史等原因形成了各自不同的发展模式，这有可能导致三大湾区在工业化后期的冲击下出现不同的变化特征。于是对三大湾区的经济发展在工业化后期的表现进行阶段性审视和比较便有了必要，这关乎未来三大湾区的走向及空间竞争格局。

对工业化后期中国三大湾区的经济发展进行阶段性审视，本书选择的视角是金融效率。金融效率关联着金融和经济增长两个变量，是一个融合了宏观与微观、直接与间接、量与质、静态与动态等多种阐释维度的综合性概念。它在解释区域经济发展的时候具有较强的桥接作用。尤其是在粤港澳大湾区的未来建设框架中，金融效率是一个非常重要的前瞻性指标。粤港澳大湾区金融市场有三种货币（人民币、港币、澳元）并存，湾区资本的自由流动因而掣肘，湾区金融市场的交易成本因而提高，湾区金融效率因而发生损失。以促进金融效率为指针，粤港澳大湾区货币一体化将获得越来越多的理论支撑和现实诉求。

对金融效率的研究形成了三种趋向：结构论、产出论、系统论。结构论以金融资源的结构优化为路径来促进金融部门效率的提高。此时金融效率被更多地解读为配置效率。Goldsmith（1969）开启了结构论的先河，他认为金融发展的差异可以从金融结构的差异中得到解释。Eugene Fama（1970）的资本市场有效理论为研究资本市场效率提供了

---

① 工业化的三大常用衡量指标即为人均 GDP、产业结构（主要是第三产业占比）、城市化率，关于工业化这三大指标的详细论述请参见 Chenery et al.（1975）和库兹涅茨（1989）的研究成果。

经典框架。Ross Levine（1997）对不同国家之间金融体系的效率进行了实证分析。McKinon（1973）、Shaw（1973）、Merton（1995）同样从金融体系自身的效率来探讨其对经济发展的作用，希望通过金融机制的改变来提高金融效率。Diamond and Dybvig（1983）、Greenwood and Jovanovic（1990）、Bercivenga and Smith（1991，1995）、Levine（1991）通过分析金融机构自身效率的一个重要影响因素——信息不对称，探讨解决信息不对称的途径以促进金融机构自身效率的提高。Diamond（1984，1991）、Blackburn and Hung（1998）研究金融机构如何通过防范道德风险来提高资本收益率。Laurea Alfaroa（2004）分析了当地金融市场对连接 FDI 和经济增长的作用，金融效率体现为当地金融市场的效率。产出论从投入—产出的视角来观察金融效率，将金融效率理解为金融资源投入与经济总产出之间的投入—产出关系（这种关系可以量化为投入产出比、投入产出弹性、边际产量、净边际产量等指标）。Niels，Robert（2013）、Weiguo Chen，Hongwei Zhang（2008）、Zhiqiang Wang，Gang Sun（2003）都研究了金融发展与经济增长的关系，但是研究结论存在差异，金融发展与经济增长之间的回归系数有正有负，意味着投入产出视角下金融投入对经济总产出的影响既有可能是正向也有可能是负向，进而表明金融效率在实证分析中也有出现负数的可能。系统论将金融效率视为一个系统性的指标体系，于是摒除了由单一指标衡量金融效率所出现的视角局限。Jun Shen（2003）构建了一个金融效率研究综合指标体系，包含了 20 个具体的指标，并用这个指标体系对 1990—2001 年之间的中国金融效率进行了测算，得出的结论为中国金融效率在 12 年间呈现了从较低到一般再到偏低至较低的变化轨迹。

从以上的金融效率研究文献看出，目前三种研究维度的金融效率均在理论和实证上有了较为丰富的演绎。然而关于金融效率的研究仍然存在一些不足，具体表现在以下几个方面。第一个方面，研究缺乏连续性，因而无法反映金融效率的动态变化，尤其是最新的变化。这是本书选择工业化后期作为时间变量的原因，希望对工业化后期金融效率的最新变化进行实证观察。第二个方面，研究的视角存在重叠，Pagano（1993）是大多数金融效率研究者的理论渊源，并且多以微观效率来定义金融效率。本书提出了一个跨期动态均衡的理论设想，并将其演化成一个可以实证分析的计量模型，用以测算金融效率，并且侧重的是宏观效率。第三个方面，金融效率的区域性差异没有得到深度关注，尤其是对中国最新的经济地理区域缺乏金融效率的比较。这是本书选择中国三大湾区进行金融效率比较的原因。综合看来，本书在工业化后期的时代背景下探讨中国三大湾区的金融效率，体现了对金融效率在时间和空间上最新变化的关注，这是本书的小小创新之处。

二、理论设想

本书通过一个跨期动态均衡的理论设想来考察金融效率。Jones，Manuelli（1990）等提出了内生增长的经典模型——AK 模型。AK 模型的表达式如下：

$$Y_t = AK_t, \qquad A > 0 \qquad\qquad (1)$$

上式中，Y_t 表示总产出，K_t 表示资本（包括了各种类型的资本）。AK 模型的假设前提包括：技术进步包含在资本投资中，并非外生给定；资本的规模报酬不变。

在（1）式两边同时除以总人口 N_t：

$$Y_t / N_t = A \cdot (K_t / N_t) \qquad A > 0 \qquad\qquad (2)$$

$$yt = Akt, \qquad A > 0 \tag{3}$$

上式中，yt 表示人均产出，kt 表示人均资本。以上是经典的 AK 模型，现在我们以经典的 AK 模型为基础，进行演化。我们把金融资本从物质资本中剥离出来，即：将经典的 AK 模型中 kt 划分成两个组成部分：物质资本 kt 与金融资本 dt。于是就从经典的 AK 模型演化出内生增长的金融资本模型：

$$yt = Ak_t^\alpha d_t^{1-\alpha}, \qquad 0 \leqslant \alpha \leqslant 1 \tag{4}$$

上式中，延续了 AK 模型的假设前提：技术进步并非外生，规模报酬不变。同时金融资本的积累跟物质资本一样需要投入。物质资本和金融资本的积累过程如下：

$$k_{t+1} - k_t = \Delta k_{t+1} = i_t^k - \delta k_t \tag{5}$$

$$d_{t+1} - d_t = \Delta d_{t+1} = i_t^d - \varphi d_t \tag{6}$$

上式中，i_t^k 表示物质资本的投资，i_t^d 表示金融资本的投资，δ 表示物质资本的折旧率，φ 是金融资本的折旧率，假定人口维持零增长。国民资源的约束条件为：

$$y_t = c_t + i_t^k + i_t^d \tag{7}$$

式中，c_t 表示消费，假定即时效用函数为幂效用函数：

$$U(c_t) = \frac{c_t^{1-\sigma} - 1}{1 - \sigma} \tag{8}$$

在跨期动态的过程中实现效用最大化意味着：

$$\max_{\{c_{t+s}, k_{t+s}, d_{t+s}\}} V_t = \sum_{s=0}^{\infty} \beta^s U(c_{t+s})$$

$$= \sum_{s=0}^{\infty} \beta^s \frac{c_{t+s}^{1-\sigma}}{1-\sigma} \tag{9}$$

上式中，V_t 表示跨期动态过程中第 t 期的总效用（它等于当期效应和未来效应的现值之和）。β 是贴现因子，满足：

$$\beta = \frac{1}{1+\theta}, \quad \theta > 0 \tag{10}$$

上式中 θ 是贴现率，于是可知 $0 < \beta < 1$。接下来，我们通过拉格朗日乘子法来跨期效应最大化问题。用（9）式和（7）式来建立拉格朗日方程：

$$f_{(c_{t+s}, k_{t+s}, d_{t+s}, \lambda_{t+s})} = \sum_{s=0}^{\infty} \{\beta^s \frac{c_{t+s}^{1-\sigma} - 1}{1-\sigma} + \lambda_{t+s} [Ak_{t+s}^{\alpha} d_{t+s}^{1-\alpha} - c_{t+s} -$$

$$(k_{t+s+1} + d_{t+s+1}) + (1+\delta)k_{t+s} + (1+\varphi)d_{t+s}]\} \tag{11}$$

拉格朗日方程的一阶条件为：

$$\frac{\partial f_{(c_{t+s}, k_{t+s}, d_{t+s}, \lambda_{t+s})}}{\partial c_{t+s}} = \beta^s c_{t+s}^{-\sigma} - \lambda_{t+s} = 0, \quad s = 0,1,2\cdots \tag{12}$$

$$\frac{\partial f_{(c_{t+s}, k_{t+s}, d_{t+s}, \lambda_{t+s})}}{\partial k_{t+s}} = \lambda_{t+s} \left[\alpha A \left(\frac{k_{t+s}}{d_{t+s}}\right)^{\alpha-1} + 1 - \delta\right] - \lambda_{t+s-1} = 0, \quad s = 1,2,\cdots$$

$$\tag{13}$$

$$\frac{\partial f_{(c_{t+s}, k_{t+s}, d_{t+s}, \lambda_{t+s})}}{\partial d_{t+s}} = \lambda_{t+s} \left[(1-\alpha)A \left(\frac{k_{t+s}}{d_{t+s}}\right)^{\alpha} + 1 - \varphi\right] - \lambda_{t+s-1} = 0, \quad s = 1,2,\cdots$$

$$\tag{14}$$

通过（12）、（13）、（14）式可以求出均衡解 k^*、d^*、c^*。进而可以求出 y^*，于是按照投入产出的逻辑，可以将 (y^*/d^*) 视为均衡状态下金融资本的产出效率最优解，即金融效率的跨期动态均衡解。不过，(y^*/d^*) 只能是区域解，我们需要经过一系列简化才能分析 (y^*/d^*) 的变化轨迹。

将（12）式的结果带入（13）式可得：

$$\beta \left(\frac{c_{t+s}}{c_t}\right)^{-\sigma} \left[(1-\alpha)A \left(\frac{k_{t+s}}{d_{t+s}}\right)^{\alpha} + 1 - \varphi\right] = 1 \tag{15}$$

当 s＝1 时，上式就简化成了：

$$\beta \left(\frac{c_{t+1}}{c_t}\right)^{-\sigma} \left[(1-\alpha)A \left(\frac{k_{t+1}}{d_{t+1}}\right)^{\alpha} + 1 - \varphi\right] = 1 \tag{16}$$

上式就是欧拉方程，它是在跨期动态均衡分析中用到的基础动态方程。当资源实现有效配置的时候，物质资本和金融资本的边际产量会实现趋同，即：

$$MPk = MPd$$

$$\Rightarrow \alpha A \cdot \left(\frac{kt}{dt}\right)^{\alpha-1} = (1-\alpha)A \cdot \left(\frac{kt}{dt}\right)^{\alpha}$$

$$\Rightarrow \frac{kt}{dt} = \frac{\alpha}{1-\alpha} \tag{17}$$

上式中，$\frac{\alpha}{1-\alpha}$ 是一个常数，这意味着在实现资源有效配置的前提下，金融资本和物质资本会出现一个固定的比例（$\frac{\alpha}{1-\alpha}$），于是我们按照这个这个固定的比例对内生增长金融资本模型（4）式和欧拉方程（16）式进行简化：

$$\frac{kt}{dt} = \frac{\alpha}{1-\alpha} \quad \Rightarrow \quad kt = \left(\frac{\alpha}{1-\alpha}\right) \cdot dt \tag{18}$$

$$y_t = A \left(\frac{\alpha}{1-\alpha} d_t\right)^{\alpha} d_t^{1-\alpha} = A \left(\frac{\alpha}{1-\alpha}\right)^{\alpha} d_t \tag{19}$$

$$\beta \left(\frac{c_{t+1}}{c_t}\right)^{-\sigma} \left[(1-\alpha)A \left(\frac{\alpha}{1-\alpha}\right)^{\alpha} + 1 - \varphi\right] = 1 \tag{20}$$

简化后金融资本的形成过程为：

$$d_{t+1} - d_t = \Delta d_{t+1} = y_t - \varphi d_t - c_t \tag{21}$$

在静态均衡（或者长期均衡）的框架中，$\Delta c_t = 0$，$\Delta d_t = 0$，于是从（19）、（20）式可得到静态均衡解 c^* 和 d^*：

$$y'(d^*) = A \left(\frac{\alpha}{1-\alpha}\right)^{\alpha} = \frac{\varphi+\theta}{1-\alpha} \tag{22}$$

$$c^* = A\left(\frac{\alpha}{1-\alpha}\right)^{\alpha}d^* - \varphi d^* \tag{23}$$

对（20）式求线性近似需要对其进行一阶泰勒展开得到：

$$\left[-\sigma\left(A\left(\frac{\alpha}{1-\alpha}\right)^{\alpha} - \varphi\right)d^*\right]^{-1}\Delta c_{t+1} +$$

$$\beta\left[y'(d^*) + 1 - \varphi + y''(d_{t+1} - d^*)\right] \cong 1 \tag{24}$$

将（22）、（23）式中的结果代入到（24）式中：

$$\left[-\sigma\left(A\left(\frac{\alpha}{1-\alpha}\right)^{\alpha} - \varphi\right)d^*\right]^{-1}(c_{t+1} - c^*) +$$

$$\beta y''(d^*)(d_{t+1} - d^*) \cong \left[-\sigma\left(A\frac{\alpha}{1-\alpha} - \varphi\right)d^*\right]^{-1}(c_t - c^*) \tag{25}$$

将（21）式做线性近似处理：

$$\Delta d_{t+1} \cong A\left(\frac{\alpha}{1-\alpha}\right)^{\alpha}d^* + y'(d^*)(d_t - d^*) - \varphi d_t - c_t \tag{26}$$

$$d_{t+1} - d^* \cong -\left\{c_t - \left[A\left(\frac{\alpha}{1-\alpha}\right)^{\alpha}d^* - \varphi d^*\right]\right\} + \left[y'(d^*) + 1 - \varphi\right]$$

$$(d_t - d^*) = -(c_t - c^*) + \left[A^{\backslash}\alpha + 1 - \varphi\right](d_t - d^*) \tag{27}$$

将（26）、（27）两个方程整理成矩阵方程：

$$\begin{bmatrix} c_{t+1} - c^* \\ d_{t+1} - d^* \end{bmatrix} = \begin{bmatrix} 1 & 0 \\ -1 & A\left(\frac{\alpha}{1-\alpha}\right)^{\alpha} + 1 - \varphi \end{bmatrix}\begin{bmatrix} c_t - c^* \\ d_t - d^* \end{bmatrix} \tag{28}$$

上式是一个一阶向量自回归，其一般的形式是：

$$x_{t+1} = Bx_t \tag{29}$$

上式中，$x_t = (c_t - c^*, d_t - d^*)$。

经过以上长时间的铺垫，我们的目的是分析金融资本给整个经济系统带来的动态变化以及金融资本的鞍点路径。经济体的动态变化取决于矩阵 B 的特征根，即取决于如下方程的根：

$$H(L) = 1 - (trB)L + (\det B)L^2 = 0 \tag{30}$$

用 $1/\lambda_1$、$1/\lambda_2$ 分别表示方程的两个单位根，则有：

$$(1-\lambda_1 L)(1-\lambda_2 L) = 0 \qquad (31)$$

经过计算，两个单位根大约为：

$$\{\lambda_1, \lambda_2\} \cong \left\{ \frac{\det B}{tr B}, tr B - \frac{\det B}{tr B} \right\}$$

$$= \left\{ \frac{A\left(\frac{\alpha}{1-\alpha}\right)^{\alpha} + 1 - \varphi}{A\left(\frac{\alpha}{1-\alpha}\right)^{\alpha} + 2 - \varphi}, A\left(\frac{\alpha}{1-\alpha}\right)^{\alpha} + 2 - \varphi - \frac{A\left(\frac{\alpha}{1-\alpha}\right)^{\alpha} + 1 - \varphi}{A\left(\frac{\alpha}{1-\alpha}\right)^{\alpha} + 2 - \varphi} \right\}$$

$$(32)$$

（32）中，$0 \leqslant \alpha \leqslant 1, 0 \leqslant \varphi \leqslant 1$，同时 $A\left(\frac{\alpha}{1-\alpha}\right)^{\alpha} = \frac{\varphi + \theta}{1-\alpha}$，于是可

知：$0 < \lambda_1 < 1, \lambda_2 > 1$，满足了鞍点路径的条件，因此金融资本最优解（$d^*$）的动态变化是鞍点路径，鞍点路径也就刻画了投入产出视角下在最优金融效率（y^*/d^*）[①]的实现路径。图 4-1 中，穿过均衡点 E 的 SS 线即为金融资本最优解的鞍点路径。结合图 4-1 和图 4-2 来看，只有两个图中的均衡同时实现了，才会出现最优的金融效率。

以上对金融效率所做的跨期动态均衡的设想仅仅在理论上探讨了最优金融效率的特征及形成过程。如果要在现实中去精确测算金融效

① 由（19）式可知，在资源有效配置的前提下，无论金融资本是否达到最优解，投入产出视角下的金融效率（y^*/d^*）是一个固定值 $A\left(\frac{a}{1-a}\right)^{a}$，于是金融效率能否达到最优值似乎只与资源是否有效配置有关（即 $MPk = MPd$）而与金融资本能否达到最优解无关。鉴于此，本书在分析中将金融效率理解为一个总量和结构的综合概念，即既要达到量的最优，还要实现结构最优，而结构最优则由金融资本最优解来确定。金融资本的最优解是一个鞍点路径，告诉我们最优金融效率的内部结构是一个动态的鞍点路径，是一个从不均衡走向均衡的过程，而这个过程可以视为通过结构调整来实现最优金融效率的路径。

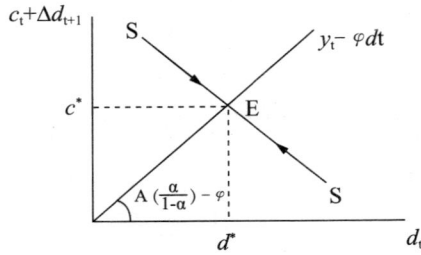

图 4-1   金融资本最优解的鞍点路径相位图

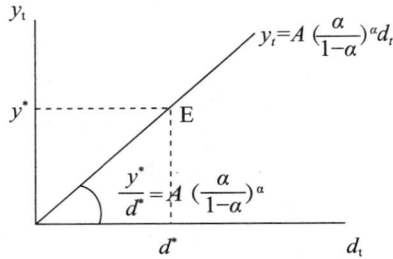

图 4-2   投入产出视角下最优金融效率的特征

率，需要对理论假设进行松绑，然后进一步演化。我们回到内生增长的金融资本模型，将规模报酬不变的假设放开，于是（4）式演化成以下形式：

$$yt = A k_t^{\alpha} d_t^{\beta} \tag{33}$$

上式两边取自然对数：

$$\ln(yt) = \ln(A k_t^{\alpha} d_t^{\beta})$$

$$\Rightarrow \ln(yt) = \ln A + \alpha \ln k_t + \beta \ln d_t \tag{34}$$

上式中，β 的含义为：每单位金融资本的变化会带来总产出 $\beta\%$ 的变化，即总产出的金融资本弹性系数，这就是本书从弹性视角对金融效率的理解（金融效率为总产出的金融资本弹性系数）。由于金融效率的这种理解具备现实可操作性，β 可以通过回归分析进行估计，于是

（34）式成为本章实证检验的计量模型。

三、数据与基本事实

在进行实证检验之前，我们对样本数据进行概览式观察，从样本数据中探究一些基本事实。

（一）总产出

对于总产出我们用人均 GDP 来衡量，其中人口的统计口径为年末户籍人口数。中国三大湾区人均 GDP 数据如表 4-1、表 4-2 和表 4-3 所示。

表 4-1 是环渤海大湾区（Bay Area surrounding the Bohai Sea）13 个主要城市 2004—2015 年以人均 GDP 衡量的总产出数据。从时间维度看，13 个城市的以人均 GDP 衡量的总产出均呈现了较快增长，北京从 2004 年的 52114 元增长到了 2015 年的 171086.8 元，东营从 2004 的 49909.4 元增长到 2015 年的 181021.9 元，超越北京成为环渤海大湾区人均总产出最高的城市。从平均值来看，环渤海大湾区 13 个城市的人均总产出平均值从 2004 年的 29840 元增长到 2015 年的 105900.3 元，增幅达到 254.9％。从空间分布来看，环渤海大湾区的总产出呈现出了极大的不均衡性，2015 年人均总产出最高的是东营（181021.9 元），最低的是保定（24957.3 元），两者之间的差距达到了 6.25 倍。以标准差来衡量每年的不均衡性，则环渤海大湾区 13 城市呈现了逐年扩大的趋势，2004 年的标准差为 12398.1，此后逐年上升到 2015 年的 48334.2。

表 4-1 环渤海大湾区 13 个主要城市人均 GDP(2004—2015)①

(单位:元)

城市	2004	2005	2006	2007	2008	2009	2010	2011	2012	2013	2014	2015
北京	52114.0	59028.7	67783.7	81159.9	85509.9	97549.7	112208.5	127176.9	137798.8	148146.8	159973.2	171086.8
天津	33359.8	41579.9	47031.2	54767.6	69348.9	76766.1	93663.6	113481.3	129821.6	143129.1	154686.0	161049.7
石家庄	17802.4	19268.6	21571.4	24718.3	29368.1	30706.5	34382.9	40937.4	44764.8	48481.4	50446.5	52880.9
唐山	22903.9	28378.0	32847.7	38354.8	48822.9	51951.5	60804.9	73836.0	79019.1	82864.7	82651.4	80839.5
秦皇岛	16439.9	17626.6	19678.2	24128.3	28299.9	28009.4	32275.3	36924.8	39126.6	39930.1	40664.9	42296.2
保定	10207.7	9816.6	10848.7	12240.0	13846.4	14974.7	17659.6	21107.1	23213.9	24953.3	25365.2	24957.3
沈阳	27392.6	29834.3	35812.6	45383.0	54105.4	59570.4	69726.8	81855.7	91095.3	98453.8	97136.1	99564.7
大连	34931.7	38070.4	44918.0	54146.2	66137.2	74375.9	87957.2	104513.6	118631.7	129345.5	128816.7	130258.7
东营	49909.4	64606.1	79766.3	90928.0	111573.6	111542.9	127654.0	143889.8	161760.6	173807.5	181411.4	181021.9
烟台	25214.0	31067.0	37012.7	44207.0	52696.7	56775.9	66935.8	75281.2	81214.5	86208.1	91859.2	98672.5
威海	40614.0	46961.7	54778.3	63070.8	70584.4	70377.9	76680.7	83173.8	92186.9	100460.6	109511.0	117824.1
济南	27434.8	31410.8	36215.9	42371.1	49958.2	55553.3	64735.3	72639.1	78852.2	85279.5	92834.6	97489.8
青岛	29595.7	36385.2	42789.8	49954.7	58251.2	63622.2	74199.8	86320.5	94881.9	103484.6	111351.5	118761.2

① 环渤海大湾区主要包括 13 个城市(下同):北京、天津、石家庄、唐山、秦皇岛、保定、沈阳、大连、东营、烟台、威海、济南、青岛。

续表

城市	2004	2005	2006	2007	2008	2009	2010	2011	2012	2013	2014	2015
描述性统计												
Mean	29840.0	34925.7	40850.3	48110.0	56807.9	60905.9	70683.4	81625.9	90182.2	97272.7	102054.4	105900.3
Median	27434.8	31410.8	37012.7	45383.0	54105.4	59570.4	69726.8	81855.7	91095.3	98453.8	97136.1	99564.7
Std. Dev.	12398.1	15636.4	19013.2	21972.2	25504.1	26877.0	31087.4	35370.4	40089.5	43779.8	46711.3	48334.2
Mix	10207.7	9816.6	10848.7	12240.9	13846.4	14974.7	17659.6	21107.1	23213.9	24953.3	25365.2	24957.3
Max	52114.0	64606.1	79766.3	90928.0	111573.6	111542.9	127654.0	143889.8	161760.6	173807.5	181411.4	181021.9

数据来源：国泰安数据库。

109

表 4-2 是沪杭甬大湾区（Shanghai－Hangzhou－Ningbo Greater Bay Area）10 个主要城市以人均 GDP 衡量的总产出数据。从时间维度看，沪杭甬大湾区 10 个城市均表现出了快速增长的态势，上海从 2004 年的 59693.1 元增长到 2015 年的 174109.3 元，苏州从 2004 年的 57610.4 元增长到 2015 年的 217449.1，超越上海成为沪杭甬大湾区人均总产出最高的城市。从平均值来看，沪杭甬大湾区 10 个城市人均总产出的平均值从 2004 年的 33843.0 元增长到 2015 年的 119931.8 元，增幅达到了 254.4％。在空间分布上，沪杭甬大湾区同样呈现了较大的不均衡性。2015 年最高的是苏州（217449.1 元），最低的是台州（59479.7 元），差距是 2.66 倍。以标准差来衡量每年的不均衡性，则沪杭甬大湾区 10 个城市呈现了逐年扩大的趋势，2004 年的标准差为 15088.3，此后逐年上升到 2015 年的 48051.5。

表 4-3 是粤港澳大湾区（Guangdong－Hong Kong－Macau Greater Bay Area）11 个城市以人均 GDP 衡量的总产出数据。从时间维度看，粤港澳大湾区的绝大部分城市表现出了快速增长的态势，广州从 2004 年的 55794.7 元增长到 2015 年的 211901.5 元，深圳从 2004 年的 207279.1 元增长到 2015 年的 493052.3 元，成为沪杭甬大湾区人均总产出最高的城市。在粤港澳大湾区一众城市中，增长最慢的是香港，2004 年香港的人均总产出为 206324.9 元，2015 年增长到 275010.6 元，11 年间增幅仅为 33.3％，远低于同期东莞的 451％ 和佛山的 436％，也低于同期澳门的 164％。从平均值来看，粤港澳大湾区 11 个城市人均总产出的平均值从 2004 年的 85441.5 元增长到 2015 年的 232562.7 元，增幅达到了 172％。在空间分布上，粤港澳大湾区呈现了极大的不均衡性（超过了环渤海大湾区和沪杭甬大湾区）。2015 年最高的是深圳（493052.3 元），最低的是肇庆（44949.7 元），差距是 10 倍！远远超过

表 4-2 沪杭甬大湾区 10 个主要城市人均 GDP（2004—2015）[①]

（单位：元）

城市	2004	2005	2006	2007	2008	2009	2010	2011	2012	2013	2014	2015
上海	59693.1	67984.5	77277.9	90611.2	101146.3	107420.9	121544.6	135238.1	141437.5	150821.2	163812.5	174109.3
苏州	57610.4	66300.9	78240.8	91296.9	106411.9	122222.0	144730.9	166853.3	185422.2	199077.7	208151.4	217449.1
南通	15844.9	19096.6	22841.8	27565.6	32867.2	37668.2	45426.4	53343.2	59574.9	65739.0	73641.1	80185.7
杭州	38592.6	44555.3	51650.2	60982.7	70556.1	74446.9	86329.9	100892.0	111377.7	118079.8	128613.6	138901.4
宁波	39046.1	43996.9	51288.1	60843.9	69778.5	75817.0	89935.2	105122.2	113938.1	122869.1	130357.7	136447.7
嘉兴	31459.4	34686.1	40132.6	47068.5	53695.9	56479.0	67336.1	78026.4	83906.3	90999.2	96311.5	100658.3
湖州	22965.4	25011.6	29509.3	34601.4	40034.6	42513.7	50070.4	58217.4	63668.9	68691.4	74147.0	79036.3
绍兴	30223.3	33268.3	38521.9	45205.7	50861.3	54273.7	63685.1	75727.2	82895.5	89818.6	96295.3	100802.3
舟山	21880.0	28963.0	34706.8	42235.0	50661.4	55310.1	66582.3	79665.3	87775.4	95668.0	104128.9	112247.9
台州	21114.4	22359.0	25914.8	30240.1	34234.5	35273.3	41610.1	46939.6	49259.9	53086.5	56730.5	59479.7
描述性统计												
Mean	33843.0	38622.2	45008.4	53065.1	61024.8	66142.5	77725.1	90002.5	97925.6	105485.1	113219.0	119931.8
Median	30841.3	33977.2	39327.2	46137.1	52278.6	55894.6	66959.2	78845.9	85840.9	93333.6	100220.2	106525.1
Std. Dev.	15088.3	17194.3	19712.9	22904.9	25933.2	29221.4	33623.0	37950.5	41532.3	44104.1	45996.9	48051.5
Min	15844.9	19096.6	22841.8	27565.6	32867.2	35273.3	41610.1	46939.6	49259.9	53086.5	56730.5	59479.7
Max	59693.1	67984.5	78240.8	91296.9	106411.9	122222.0	144730.9	166853.3	185422.2	199077.7	208151.4	217449.1

数据来源：国泰安数据库。

[①] 沪杭甬大湾区主要包括 10 个城市（下同）：上海、苏州、南通、杭州、宁波、嘉兴、湖州、绍兴、舟山、台州。

表 4-3 粤港澳大湾区 11 个城市人均 GDP (2004—2015)①

（单位：元）

城市	2004	2005	2006	2007	2008	2009	2010	2011	2012	2013	2014	2015
广州	55794.7	68674.5	79843.1	91911.6	104774.9	115001.1	133330.2	152509.7	164796.4	185271.5	198324.7	211901.5
深圳	207279.1	272132.6	295359.6	320254.8	342287.0	333441.1	368704.0	429471.1	450280.3	466996.1	481692.4	493052.3
珠海	63395.6	70865.2	80719.3	93625.4	99724.7	101184.9	115390.1	132540.6	141066.1	153073.3	169438.6	180116.6
佛山	47207.3	67230.4	81778.4	99842.5	118935.7	131134.5	152377.3	175567.8	175086.6	183704.7	192987.5	205772.1
江门	21647.0	20851.6	24316.5	28504.9	32841.5	34248.1	40033.1	46498.3	47993.7	50895.1	52942.6	57229.6
肇庆	13919.8	11364.3	12754.6	14525.5	17447.9	20837.0	25706.5	31024.0	34199.0	38624.3	42542.4	44949.7
惠州	23366.2	26998.7	30513.4	35315.2	40470.5	43615.2	51291.3	61022.8	69246.9	77995.2	86093.8	87938.8
东莞	71327.9	33252.9	156051.8	184042.5	211730.7	210592.2	233616.8	256244.3	267923.7	290631.1	307278.9	321782.1
中山	43753.4	62505.5	72846.6	85294.2	96190.6	105938.8	124055.0	145534.1	160594.9	171248.1	180846.1	189692.0
香港	206324.9	218306.8	224997.8	232636.9	218879.4	209693.5	220347.2	226978.3	231717.8	237557.7	247231.5	275010.6
澳门	185840.6	205272.0	238993.4	276805.1	282442.5	279260.7	354551.2	431534.1	482883.3	554445.3	577450.2	490744.0
描述性统计 Mean	85441.5	96132.2	118015.8	132978.1	142338.7	144086.1	165400.2	189902.3	202344.4	219131.1	230620.8	232562.7

① 粤港澳大湾区包括 11 个城市（下同）：广州、深圳、珠海、佛山、江门、肇庆、东莞、惠州、中山、香港、澳门。

续表

城市	2004	2005	2006	2007	2008	2009	2010	2011	2012	2013	2014	2015
Median	55794.7	67230.4	80719.3	93625.4	104774.9	115001.1	133330.2	152509.7	164796.4	183704.7	192987.5	205772.1
Std. Dev.	75722.9	90971.8	96278.8	104589.1	106841.4	102231.8	117662.1	138142.9	149265.1	164069.4	169112.7	153903.8
Min	13919.8	11364.3	12754.1	14525.5	17447.9	20837.0	25706.5	31024.0	34199.0	38624.3	42542.4	44949.7
Max	207279.1	272132.6	295359.6	320254.8	342287.0	333441.1	368704.0	431534.1	482883.3	554445.3	577450.2	493052.3

数据来源：国泰安数据库。①

① 粤港澳大湾区中广东九市的数据来源于国泰安数据库，香港、澳门的数据来源于世界银行，并且按照年末人民币汇率换算成人民币。

了环渤海大湾区和沪杭甬大湾区。以标准差来衡量每年的不均衡性，则粤港澳大湾区 11 个城市同样呈现了逐年扩大的趋势，2004 年的标准差为 75722.9，此后逐年上升到 2015 年的 153903.8。同一年度，粤港澳大湾区人均总产出的标准差远超另外两大湾区，这意味着粤港澳大湾区人均总产出的空间分布比环渤海大湾区和沪杭甬大湾区更为复杂，空间协调的难度更大。

对三大湾区的人均总产出进行对比，发现粤港澳大湾区与其他两大湾区相比存在较为明显的差异。图 4-3 是中国三大湾区人均总产出的平均值在 2004—2015 年之间的变化趋势，沪杭甬大湾区和环渤海大湾区的变化趋势非常接近（无论是人均总产出平均值的数额还是增长幅度），但是粤港澳大湾区的趋势线与其他两大湾区在图中是分离的，在人均总产出平均值的数额上，粤港澳大湾区遥遥领先其他两大湾区，但是在增长轨迹上却呈现了较大的波动，增长幅度也没有其他两大湾区大。图 4-4 是中国三大湾区人均总产出的标准差在 2004—2015 年之间的变化趋势。沪杭甬大湾区和环渤海大湾区两条曲线几乎重合，表明这两大湾区人均总产出的空间不均衡性是大致相当的。然而粤港澳大湾区的标准差趋势线在图中与其他两条曲线严重分离，在标准差的数值上，粤港澳大湾区远远超过了其他两大湾区，表明粤港澳大湾区人均总产出的空间不均衡性非常大。结合图 4-1 和图 4-2 来看，粤港澳大湾区人均总产出的内部差异在三大湾区中最大，也就意味着粤港澳大湾区在建设模式上必然与环渤海大湾区和沪杭甬大湾区存在较大差别。而环渤海大湾区和沪杭甬大湾区人均总产出的增长轨迹和空间不均衡性都极为接近，这可能会导致未来这两大湾区的建设趋于同质化，至少在基本框架上会有诸多共同点。

yuan

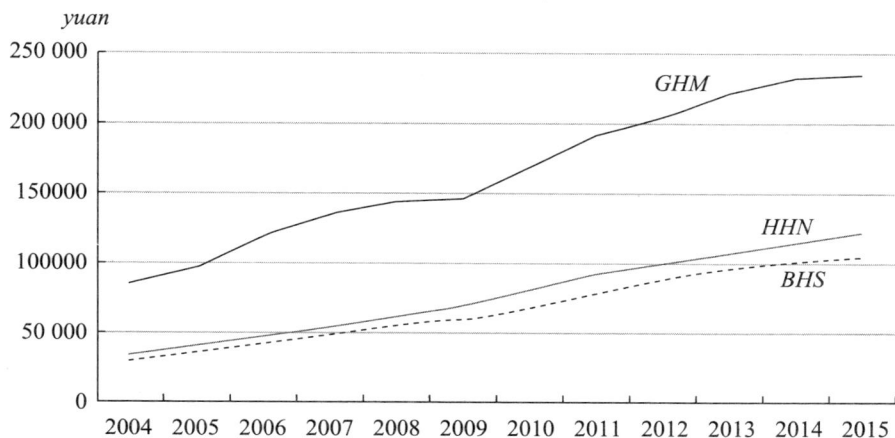

图 4-3 中国三大湾区人均 GDP 的平均值（2004—2015）

数据来源：国泰安数据库和世界银行。

注："GHM"表示粤港澳大湾区；"HHN"沪杭甬大湾区；"BHS"环渤海大湾区。

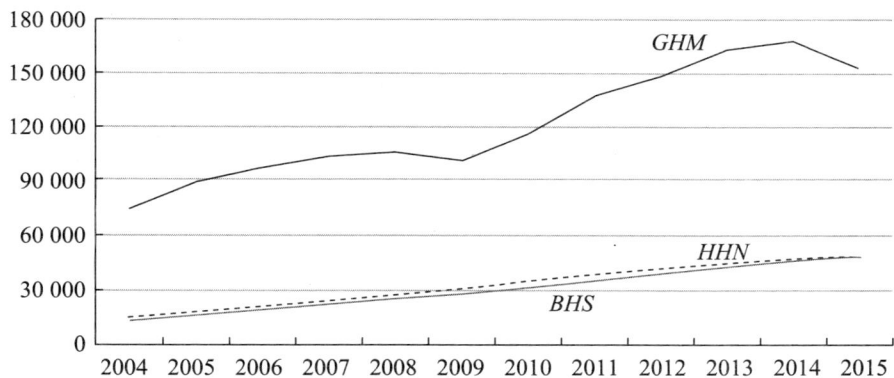

图 4-4 中国三大湾区人均 GDP 的标准差（2004—2015）

数据来源：国泰安数据库和世界银行。

注："GHM"表示粤港澳大湾区；"HHN"沪杭甬大湾区；"BHS"环渤海大湾区。

（二）物质资本

我们用人均固定资产投资来衡量物质资本。中国三大湾区人均固定资产投资的数据如表4-4、表4-5和表4-6所示。

表4-4是环渤海大湾区（Bay Area surrounding the Bohai Sea）13个主要城市2004—2015年以人均固定资产投资衡量的物质资本数据。从时间维度看，13个城市的人均固定资产投资均呈现出了较快增长，其中天津和唐山两市增长最快，天津的人均固定资产投资从2004年的13500.4元增长到2015年的127062.0元（增长幅度达到了841%），唐山的人均固定资产投资从2004年的6493.1元增长到2015年的60187.0元（增长幅度达到了827%）。从平均值来看，环渤海大湾区13个城市的人均固定资产投资平均值从2004年的13354.6元增长到2015年的74907.7元，增幅达到461%。从空间分布来看，环渤海大湾区的人均固定资产投资呈现出了较大的不均衡性，2015年人均固定资产投资最高的是东营（161823.3元），最低的是保定（20169.3元），两者之间的差距达到了7倍。以标准差来衡量每年的不均衡性，则环渤海大湾区13城市呈现了逐年扩大的趋势，2004年的标准差为6497.0，此后逐年上升到2015年的37924.5。

表4-5是沪杭甬大湾区（Shanghai－Hangzhou－Ningbo Greater Bay Area）10个主要城市人均固定投资的数据。从时间维度看，沪杭甬大湾区10个城市均表现出了持续增长的态势，其中舟山和南通的增长速度最快。舟山从2004年的13195.2元增长到2015年的116552.5元（增长幅度为783%），南通从2004年的7843.5元增长到2015年的57070.9元（增长幅度为628%）。从平均值来看，沪杭甬大湾区10个城市人均固定资产投资的平均值从2004年的16430.7元增长到2015年

表4-4 环渤海大湾区13个主要城市人均固定资产投资（2004—2015）[1]

（单位：元）

城市	2004	2005	2006	2007	2008	2009	2010	2011	2012	2013	2014	2015
北京	21741.5	23945.1	28152.1	32693.5	29607.6	38997.3	43675.6	45790.1	49453.4	53047.7	56333.3	59031.9
天津	13500.4	16148.5	19494.3	24905.0	35134.8	51093.3	66115.9	75107.4	83973.6	100508.3	114353.0	127062.0
石家庄	7811.4	10018.6	11702.5	14555.5	17910.7	24926.7	29904.1	30351.7	36539.7	41728.9	47653.0	55303.6
唐山	6493.1	8897.0	10644.7	14307.3	18675.2	29704.0	36269.0	34528.1	40673.6	48407.6	55048.3	60187.0
秦皇岛	5142.3	5919.2	7551.6	8908.8	10620.1	14658.1	17542.3	20650.7	24853.5	26316.6	26826.6	29574.2
保定	4337.9	5130.4	5229.7	5792.2	7047.8	9784.9	12679.4	13423.9	16111.6	16371.5	19943.9	20169.3
沈阳	13999.2	19514.4	25447.0	33276.6	42166.9	49123.5	57520.1	63333.3	77613.1	87799.6	89820.2	72918.6
大连	12753.1	19643.2	25686.8	33393.1	43083.7	53243.8	69024.8	77826.0	95280.3	109519.9	113976.7	76812.4
东营	24636.4	33558.3	33542.0	38156.3	47497.2	59352.7	72969.0	71180.0	105822.0	124712.9	143215.3	161823.3
烟台	16775.2	22544.4	24480.5	24664.1	30101.9	34082.4	41555.7	44243.6	46807.9	54333.4	62764.9	71441.6
威海	21357.0	26653.1	27897.4	29888.8	36718.2	46074.1	46062.0	46830.6	51822.1	75796.4	87494.7	99851.8
济南	11037.5	14344.5	16852.0	19041.1	23433.0	27439.9	32900.2	31888.2	35884.4	43018.6	49283.2	55909.4
青岛	14025.3	19659.3	19825.6	21575.0	26511.5	32230.0	39579.9	45701.2	53975.0	64984.7	73866.7	83715.4

[1] 环渤海湾大湾区主要包括13个城市（下同）：北京、天津、石家庄、唐山、秦皇岛、保定、沈阳、大连、东营、烟台、威海、济南、青岛。

城市 描述性统计	2004	2005	2006	2007	2008	2009	2010	2011	2012	2013	2014	2015
Mean	13354.6	17382.8	19731.2	23165.9	28346.8	36208.5	43522.9	46219.6	55293.1	65118.9	72352.3	74907.7
Median	13500.4	19514.4	19825.6	24664.1	29607.6	34082.4	41555.7	45701.2	49453.4	54333.4	62764.9	71441.6
Std. Dev.	6497.0	8419.5	8817.8	10206.4	12561.8	15134.9	18768.1	20569.6	27381.0	32739.5	36129.8	37924.5
Mix	4337.9	5130.4	5229.7	5792.2	7047.8	9784.9	12679.4	13423.9	16111.6	16371.5	19943.9	20169.3
Max	24636.4	33558.3	33542.0	38156.3	47497.2	59352.7	72969.0	77826.0	105822.0	124712.9	143215.3	161823.3

数据来源：国泰安数据库。

表 4-5　沪杭甬大湾区 10 个主要城市人均固定资产投资（2004—2015）①

（单位:元）

城市	2004	2005	2006	2007	2008	2009	2010	2011	2012	2013	2014	2015
上海	22808.9	26043.2	28690.5	32335.5	34718.3	37647.8	37652.0	35678.9	36802.9	39406.1	41794.4	44002.2
苏州	25963.1	30793.9	34199.9	37896.3	41463.4	46856.1	56735.9	66635.2	79384.2	89050.8	91574.6	89435.6
南通	7843.5	10576.0	13625.8	16521.9	19711.5	23632.8	28422.1	31093.7	37721.8	43036.3	50760.7	57070.9
杭州	18493.4	20996.0	21922.9	25048.4	29226.5	33534.1	39951.5	44559.7	53144.2	60343.5	69191.1	76792.5
宁波	19824.2	24004.0	26813.6	28297.0	30422.0	35098.9	38205.2	41386.3	50223.7	58996.1	68336.1	76829.3
嘉兴	18976.4	21040.8	23847.8	26721.7	29777.5	36319.4	43567.4	43377.0	47672.3	55222.7	63809.5	71930.2
湖州	14209.2	16152.2	18602.9	17778.9	20318.6	24643.6	27693.5	30818.5	37135.7	40763.7	47115.9	53188.8
绍兴	14375.9	15539.9	17583.1	19332.8	20952.4	24101.8	28378.5	32415.0	39078.1	45324.6	52024.5	58288.9
舟山	13195.2	16656.6	22674.2	28921.0	35075.5	41403.7	42765.7	49081.2	58703.6	77083.6	98551.6	116552.5
台州	8616.8	9602.9	11046.3	12779.4	13231.7	14419.1	16295.3	17174.7	21024.7	25385.0	29575.2	33406.8
描述性统计												
Mean	16430.7	19140.6	21900.7	24563.3	27489.7	31765.7	35966.7	39222.0	46089.1	53461.2	61273.4	67749.8
Median	16434.6	18826.3	22298.6	25885.1	29502.0	34316.5	37928.6	38532.6	43375.2	50273.6	57917.0	65109.6
Std. Dev.	5852.1	6720.9	7005.6	7838.0	8691.4	9813.2	11200.2	13253.1	15814.4	18937.5	21621.8	24019.9
Min	7843.5	9602.9	11046.3	12779.4	13231.7	14419.1	16295.3	17174.7	21024.7	25385.0	29575.2	33406.8
Max	25963.1	30793.9	34199.9	37896.3	41463.4	46856.1	56735.9	66635.2	79384.2	89050.8	98551.6	116552.5

数据来源：国泰安数据库。

① 沪杭甬大湾区主要包括 10 个城市（下同）：上海、苏州、南通、杭州、宁波、嘉兴、湖州、绍兴、舟山、台州。

的 67749.8 元，增幅达到了 312％。在空间分布上，沪杭甬大湾区呈现出来的不均衡性小于环渤海大湾区。2015 年人均固定资产最高的是舟山（116552.5 元），最低的是台州（33406.8 元），差距是 2.49 倍，远小于环渤海大湾区最高与最低的差距。以标准差来衡量每年的不均衡性，则沪杭甬大湾区 10 个城市也呈现了逐年扩大的趋势，2004 年的标准差为 5852.1，此后逐年扩大到 2015 年的 24019.9。

表 4-6 是粤港澳大湾区（Guangdong-Hong Kong-Macau Greater Bay Area）11 个城市人均固定资产投资的数据。从时间维度看，粤港澳大湾区 11 个城市虽然总体上都在增长，但是增长速度各异。增长最快的是肇庆，从 2004 年的 3704.4 元增长到 2015 年的 30347.3 元（增长幅度为 719％）；增长最慢的是香港，香港 2004 年的人均固定资产投资为 45020.4 元，2015 年为 61599.9 元，增长幅度仅为 36.8％。此外深圳的增长速度排在倒数第二位，2004 年人均固定资产投资为 66163.0 元，2015 年为 92912.7 元，增长幅度仅为 40.4％。从平均值来看，粤港澳大湾区 11 个城市人均固定资产投资的平均值从 2004 年的 23801.0 元增长到 2015 年的 67519.7 元，增幅为 184％。在空间分布上，粤港澳大湾区也存在较大的不均衡性。2015 年人均固定资产投资最高的是澳门（120770.8 元），最低的是肇庆（30347.3 元），差距是 3 倍。以标准差来衡量每年的不均衡性，则粤港澳大湾区 11 个城市同样呈现了逐年扩大的趋势，但是增长速度较慢。2004 年的标准差为 18221.6，此后扩大到 2015 年的 25441.7，增幅仅为 40％。

对比分析三大湾区人均固定资产数据，发现三大湾区的变化轨迹各具特色。图 4-5 是三大湾区人均固定资产投资的平均值在 2004—2015 年之间的变化，图中三条曲线展现了各自相异的变化趋势：环渤海大湾区从三大湾区中人均固定资产投资平均值最低的一个迅速增长到

表 4-6 粤港澳大湾区 11 个城市人均固定资产投资（2004—2015）①

（单位：元）

城市	2004	2005	2006	2007	2008	2009	2010	2011	2012	2013	2014	2015
广州	18286.3	20241.1	22299.7	24090.4	26853.3	33473.3	40483.9	41888.0	45705.8	53521.0	58042.5	63287.5
深圳	66163.0	64918.1	64709.1	63330.1	64348.9	69489.0	74833.6	79745.7	80474.0	80547.8	81800.8	92912.7
珠海	20865.2	24387.4	27762.2	36058.8	37426.2	39990.8	47884.8	60130.7	73885.4	88480.1	102999.0	69455.1
佛山	16113.4	21359.0	25410.0	30178.6	34545.9	40001.1	46364.9	51599.8	56349.6	62464.5	67750.2	78040.0
江门	5191.9	6148.0	7209.4	8354.4	9926.5	12568.2	16105.0	18845.4	21705.2	25466.7	28257.5	33414.4
肇庆	3704.4	4489.9	5361.2	7230.3	8537.8	11186.3	12643.3	16632.2	19939.3	23447.6	26256.2	30347.3
惠州	10149.8	11841.2	10077.4	15561.7	18465.0	23398.9	26506.7	29889.4	35351.9	40806.2	46103.6	52200.7
东莞	26788.7	9103.3	41913.8	49118.7	54002.6	61213.9	61340.3	58428.9	63120.3	73262.8	74561.6	74176.6
中山	20888.4	22789.4	24388.5	27504.3	30395.5	36900.1	44267.0	50892.8	58778.6	62487.2	57889.6	66511.8
香港	45020.4	46711.0	50459.7	47965.5	44967.9	42912.2	47987.5	53422.4	58856.1	57271.9	58079.2	61599.9
澳门	28639.8	51343.4	78468.9	100039.5	84121.6	51589.3	44427.0	53378.2	65514.5	73943.1	108547.4	120770.8
描述性统计												
Mean	23801.0	25757.4	32550.9	37221.1	37599.2	38429.4	42076.7	46804.9	52698.2	58336.3	64571.6	67519.7
Median	20865.2	21359.0	25410.0	30178.6	34545.9	39990.8	44427.0	51599.8	58778.6	62464.5	58079.2	66511.8
Std. Dev.	18221.6	19988.9	23839.4	27211.2	23144.0	18291.6	18240.9	18780.1	19912.3	21288.2	26598.1	25441.7
Min	3704.4	4489.9	5361.2	7230.3	8537.8	11186.3	12643.3	16632.2	19939.3	23447.6	26256.2	30347.3
Max	66163.0	64918.1	78468.9	100039.5	84121.6	69489.0	74833.6	79745.7	80474.0	88480.1	108547.4	120770.8

数据来源：国泰安数据库和世界银行。②

① 粤港澳大湾区包括 11 个城市（下同）：广州、深圳、珠海、佛山、江门、肇庆、东莞、惠州、中山、香港、澳门。

② 粤港澳大湾区中广东九市的数据来源于国泰安数据库，香港、澳门的数据来源于世界银行，并且按照年末汇率换算成人民币。

三大湾区最高的一个，增长速度最快；粤港澳大湾区的增长速度最慢，从三大湾区中最高的位置起步，到被环渤海大湾区超越，最后被沪杭甬大湾区赶上；沪杭甬大湾区保持了稳定的增长趋势，增长速度逊于环渤海大湾区，但是增长的态势与之相似。这给我们传递的信息是，环渤海大湾区的固定资产投资相较于其他两大湾区具有最强劲的动力，这将给环渤海大湾未来的经济增长带来巨大的潜力，粤港澳大湾区的固定资产投资已经接近拐点，高速增长的可能性已不大，沪杭甬大湾区的固定资产投资仍然保持高速增长，未来很有可能与环渤海大湾区趋同，这似乎告诉我们环渤海大湾区与沪杭甬大湾区有着更为接近的命运。图 4-6 是中国三大湾区人均固定资产投资标准差在 2004—2015 年之间的变化趋势，图中三条曲线同样展现了三种不同的变化轨迹：环渤海大湾区人均固定资产投资标准差的增长速度在三大湾区中一骑绝尘，从 2010 年开始便远远抛开了其他两大湾区；粤港澳大湾区的标准差经历一段波折的经历，最初是标准差最大的一个湾区，2007 年标准差出现拐点，之后急剧下滑，触底之后再缓慢上升，中间被环渤海大湾区超越，并逐步被沪杭甬大湾区逼近；沪杭甬大湾区的标准差是一个逐步攀升的过程，没有粤港澳大湾区的大起大落，也没有环渤海大湾区的疾风骤雨式扩张。这表明在空间不均衡性上，环渤海大湾区在急速扩张，粤港澳大湾区则在逐步收缩，沪杭甬大湾区以较为平缓的速度扩张。粤港澳大湾区空间不均衡性所呈现的特征契合了其产业结构特征（第三产业占比占据了主要地位，靠固定资产投资拉动的第二产业则在萎缩），环渤海大湾区和沪杭甬大湾区虽然增长速度有快慢之分，但方向是一致的，这意味着在湾区建设中，环渤海大湾区和沪杭甬大湾区对固定资产投资的依赖要比粤港澳大湾区大很多。

yuan

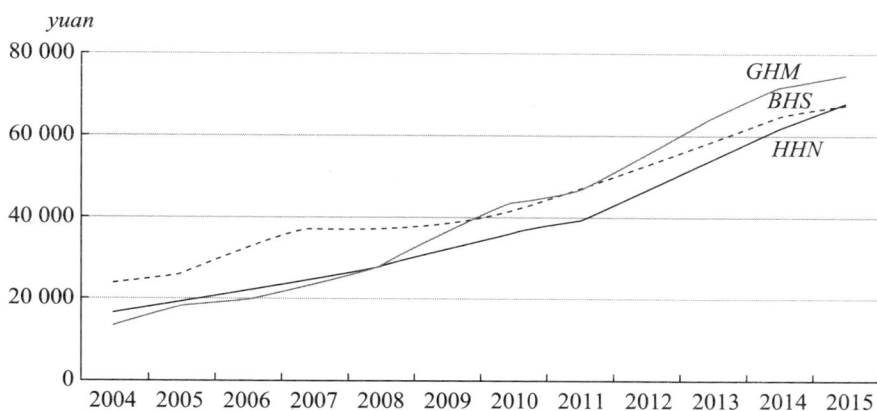

图 4-5 中国三大湾区人均固定资产投资的平均值（2004—2015）

数据来源：国泰安数据库和世界银行。

注："GHM"表示粤港澳大湾区；"HHN"沪杭甬大湾区；"BHS"环渤海大湾区。

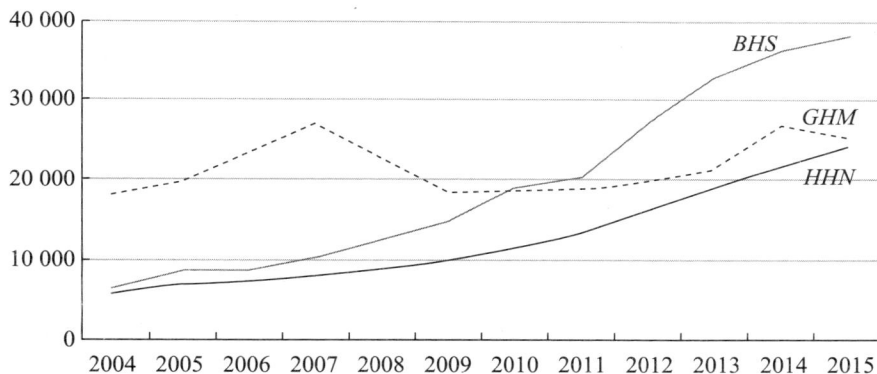

图 4-6 中国三大湾区人均固定资产投资的标准差（2004—2015）

数据来源：国泰安数据库和世界银行。

注："GHM"表示粤港澳大湾区；"HHN"沪杭甬大湾区；"BHS"环渤海大湾区。

（三）金融资本

我们用人均金融机构人民币存贷款来衡量金融资本，中国三大湾

123

区主要城市 2004—2015 年之间的人均金融机构存贷款数据见表 4-7、表 4-8、表 4-9。

表 4-7 是环渤海大湾区（Bay Area surrounding the Bohai Sea）13 个主要城市 2004—2015 年以人均金融机构人民币存贷款衡量的金融资本数据。从时间维度看，13 个城市的人均金融机构人民币存贷款均呈现了快速增长，其中天津和东营两市增长最快，东营的人均金融机构人民币存贷款从 2004 年的 51039.8 元增长到 2015 年的 341518.3 元（增长幅度达到了 570%），天津的人均金融机构人民币存贷款从 2004 年的 92100.9 元增长到 2015 年的 502939.3 元（增长幅度达到了 446%）。从平均值来看，环渤海大湾区 13 个城市的人均金融机构人民币存贷款平均值从 2004 年的 76333.8 元增长到 2015 年的 337102.6 元，增幅达到 342%。从空间分布来看，环渤海大湾区的人均金融机构人民币存贷款呈现出了极大的不均衡性，2015 年人均金融机构人民币存贷款最高的是北京（1272208.3 元），最低的是保定（67262.2 元），两者之间的差距达到了 18 倍！以标准差来衡量每年的不均衡性，则环渤海大湾区 13 城市呈现了逐年扩大的趋势，2004 年的标准差为 78660.6，此后逐年上升到 2015 年的 309233.8。

表 4-8 是沪杭甬大湾区（Shanghai－Hangzhou－Ningbo Greater Bay Area）10 个主要城市人均金融机构人民币存贷款的数据。从时间维度看，沪杭甬大湾区 10 个城市均表现出了持续增长的态势，其中南通和湖州的增长速度最快。南通从 2004 年的 30714.2 元增长到 2015 年的 204186.3 元（增长幅度为 565%），湖州从 2004 年的 36081.9 元增长到 2015 年的 210248.9 元（增长幅度为 483%）。从平均值来看，沪杭甬大湾区 10 个城市人均金融机构人民币存贷款的平均值从 2004 年的 91710.9 元增长到 2015 年的 448080.2 元，增幅达到了 389%。在空间

表4-7 环渤海大湾区13个主要城市人均金融机构人民币存贷款(2004—2015)①

(单位:元)

城市	2004	2005	2006	2007	2008	2009	2010	2011	2012	2013	2014	2015
北京	321258.2	375247.5	377906.9	423959.8	460005.2	618826.2	717259.3	795642.6	866234.9	926709.3	997383.9	1272208.3
天津	92100.9	107545.4	122657.8	154164.3	182101.6	255544.8	224740.7	319231.6	373215.3	419700.2	449251.6	502939.3
石家庄	40146.9	44593.6	39382.0	54140.5	64062.3	82356.7	91352.3	104032.2	115744.7	130779.5	138779.7	145059.0
唐山	29732.9	33788.6	40690.4	48344.4	61021.2	79782.0	91202.7	106319.5	120850.2	136555.5	146646.4	162078.1
秦皇岛	32438.1	35614.3	40945.3	47442.3	54595.5	70277.4	82178.7	93280.0	105041.8	116134.2	128549.4	131620.5
保定	14839.6	15977.6	18526.9	20505.7	23429.6	29436.2	41992.5	39637.4	45601.1	54041.6	60668.1	67262.2
沈阳	80387.9	86638.0	95446.9	104872.0	123363.1	163872.8	158841.3	218412.0	250111.2	279249.9	305644.5	345172.5
大连	93225.0	106242.2	121475.5	128445.5	154524.3	201249.3	202549.9	276270.3	312548.3	348103.0	362445.7	404925.7
东营	51039.8	59373.9	70288.3	78832.5	93963.3	119201.1	122797.3	177148.4	220882.5	260902.9	303076.6	341518.3
烟台	37145.0	42478.1	48689.3	54827.4	63613.7	83549.2	94167.6	112650.4	128892.4	146057.1	155529.2	166774.9
威海	41233.7	48183.1	54706.4	66267.1	75518.9	92257.8	100645.4	118386.3	130596.5	150897.7	164272.6	173971.9
济南	102801.4	117491.8	129494.3	127977.2	151550.3	199979.4	160543.6	250074.2	282415.0	303612.9	325815.4	371201.7
青岛	55989.7	63935.1	77708.3	92199.7	111399.0	146483.4	138436.1	203369.6	225850.4	256304.8	270181.4	297601.5

① 环渤海湾大湾区主要包括13个城市(下同):北京、天津、石家庄、唐山、秦皇岛、保定、沈阳、大连、东营、烟台、威海、济南、青岛。

续表

城市	2004	2005	2006	2007	2008	2009	2010	2011	2012	2013	2014	2015
描述性统计												
Mean	76333.8	87469.9	95224.5	107844.5	124549.9	164832.0	171285.2	216496.5	244460.3	271465.3	292941.9	337102.6
Median	51039.8	59373.9	70288.3	78832.5	93963.3	119201.1	122797.3	177148.4	220882.5	256304.8	270181.4	297601.5
Std. Dev.	78660.6	92152.3	92277.9	102567.0	110871.8	150693.7	171760.3	192364.1	209631.2	223287.0	239608.6	309233.8
Mix	14839.6	15977.6	18526.9	20505.7	23429.6	29436.2	41992.5	39637.4	45601.1	54041.6	60668.1	67262.2
Max	321258.2	375247.5	377906.9	423959.8	460005.2	618826.2	717259.3	795642.6	866234.9	926709.3	997383.9	1272208.3

数据来源：国泰安数据库。

表4-8 沪杭甬大湾区10个主要城市人均金融机构人民币存贷款（2004—2015）①

(单位:元)

城市	2004	2005	2006	2007	2008	2009	2010	2011	2012	2013	2014	2015
上海	258550.1	294936.1	329357.9	373307.9	429572.0	530480.3	484588.0	671997.1	675440.8	793229.1	846585.5	1089058.0
苏州	112386.5	135159.9	166011.7	198784.5	232514.4	307214.4	285824.9	421215.6	483024.9	543481.5	585026.9	642557.1
南通	30714.2	36267.5	43202.6	50173.6	61466.9	81847.1	98783.5	114883.9	132440.2	154605.9	175480.9	204186.3
杭州	161233.1	186146.1	212799.6	257258.6	308874.2	400911.8	320340.9	498289.5	525562.8	568193.9	618974.8	710363.6
宁波	100877.6	121281.0	148112.7	181771.1	209137.8	279453.2	227628.4	370161.5	396445.2	434915.5	461082.8	517707.4
嘉兴	61190.7	68861.7	81299.0	93454.2	112109.4	152616.7	152825.8	215124.1	228522.4	258245.5	284603.0	300267.8
湖州	36081.9	40853.6	48662.8	56524.1	68767.6	98329.2	101057.7	146082.6	156297.8	179937.5	192608.2	210248.9
绍兴	62115.0	75022.3	91847.7	107944.0	130268.5	171410.8	157071.8	226664.1	244558.1	267450.5	279404.4	288149.1
舟山	56239.9	67009.5	85395.8	108187.5	141187.2	185796.4	160592.8	255425.2	266205.9	285160.8	309613.6	323812.9
台州	37720.5	43118.6	52149.2	61440.2	73972.3	94277.4	91215.7	127294.9	139447.2	159837.5	176206.3	194451.0
描述性统计												
Mean	91710.9	106865.6	125883.9	149284.6	176787.0	230233.7	207992.9	304713.8	324794.5	364505.8	392958.7	448080.2
Median	61652.8	71942.0	88621.7	108065.8	135727.9	178603.6	158832.3	241044.7	255382.0	276305.7	297108.3	312040.4
Std. Dev.	71473.3	81728.8	90726.7	105313.2	119560.2	147944.5	124923.2	182406.4	186283.9	213255.6	227154.4	291654.1
Min	30714.2	36267.5	43202.6	50173.6	61466.9	81847.1	91215.7	114883.9	132440.2	154605.9	175480.9	194451.0
Max	258550.1	294936.1	329357.9	373307.9	429572.0	530480.3	484588.0	671997.1	675440.8	793229.1	846585.5	1089058.0

数据来源：国泰安数据库。

① 沪杭甬大湾区主要包括10个城市（下同）：上海、苏州、南通、杭州、宁波、嘉兴、湖州、绍兴、舟山、台州。

分布上，沪杭甬大湾区同样呈现了极大的不均衡性。2015 年人均金融机构人民币存贷款最高的是上海（1089058.0 元），最低的是台州（194451.0 元），差距是 4.6 倍，小于环渤海大湾区最高与最低的差距。以标准差来衡量每年的不均衡性，则沪杭甬大湾区 10 个城市也呈现了逐年扩大的趋势，2004 年的标准差为 71473.3，此后逐年扩大到 2015 年的 291654.1。

表 4-9 是粤港澳大湾区（Guangdong－Hong Kong－Macau Greater Bay Area）11 个城市人均金融机构人民币存贷款的数据。从时间维度看，粤港澳大湾区 11 个城市总体上都实现了较快（香港除外）。增长最快的是珠海，从 2004 年的 137738.1 元增长到 2015 年的 2541703.7 元（增长幅度为 417%）；增长最慢的是香港，2004 年的人均金融资本为 365334.9 元，2015 年为 640069.7 元，增长幅度为 75%。从平均值来看，粤港澳大湾区 11 个城市人均金融资本的平均值从 2004 年的 202110.8 元增长到 2015 年的 695088.9 元，增幅为 244%。在空间分布上，粤港澳大湾区的不均衡性超过了环渤海大湾区和沪杭甬大湾区。2015 年人均金融资本最高的是深圳（2541703.7 元），最低的是肇庆（69968.9 元），差距高达是 35 倍。以标准差来衡量每年的不均衡性，则粤港澳大湾区 11 个城市同样呈现了逐年扩大的趋势，2004 年的标差为 207744.8，此后扩大到 2015 年的 671758.2，增幅为 223%。

对中国三大湾区人均金融资本的变化趋势进行对比分析，发现的一个重要特征是：无论是同期人均金融资本的数额，还是同期人均金融资本的空间差距，粤港澳大湾区都远远超过了其他两大湾区。图 4-7 是中国三大湾区人均金融机构人民币存贷款平均值在 2004—2015 年之间的变化趋势，图中三条曲线表现出了相同的走向，即：随着时间推移，平均值不断攀升。但是在走向一致的前提下三条曲线存在一些细节

表4-9 粤港澳大湾区11个城市人均金融机构人民币存贷款（2004—2015）①

（单位：元）

城市	2004	2005	2006	2007	2008	2009	2010	2011	2012	2013	2014	2015
广州	218918.6	239741.6	271624.4	316037.1	357194.1	437895.1	412537.4	517126.6	571932.5	671084.7	708701.3	821126.8
深圳	747503.2	805045.9	827909.4	916340.5	967672.2	1162161.7	1036202.7	1437004.5	1502632.5	1598536.9	1660711.9	2541703.7
珠海	137738.1	150647.4	164146.3	216456.6	233613.7	308586.6	356243.3	435681.1	456475.2	539995.5	634928.3	711983.2
佛山	150730.1	164382.5	187026.8	213431.2	239258.3	307731.0	348436.1	393062.7	421287.0	484759.7	489404.2	509504.7
江门	41588.4	43960.5	46598.1	50735.1	56875.1	70022.7	93732.8	92065.2	105533.4	121386.3	135755.7	152904.1
肇庆	17056.9	17846.4	19762.4	22492.7	26881.6	35386.8	40426.2	45713.0	51471.2	61559.5	65754.4	69968.9
惠州	34545.6	40202.8	45281.4	54238.6	61613.5	81997.1	91110.6	105583.9	117244.0	140115.3	152836.5	170187.2
东莞	238816.8	67583.1	302786.9	344890.8	385137.1	441470.9	513299.3	558737.8	621714.7	709632.6	777724.0	817891.1
中山	103057.9	114345.5	133499.8	153479.5	177247.4	223327.7	271267.2	295596.0	329682.0	382735.5	408646.2	435751.4
香港	365334.9	384369.6	386496.6	398033.6	385903.5	392456.3	476993.9	526675.7	522129.6	578950.8	638908.6	640069.7
澳门	167928.5	192593.4	214146.4	293273.8	282890.3	291904.6	389446.2	478703.0	539613.2	647720.9	754044.7	774887.0
描述性统计												
Mean	202110.8	201883.5	236298.0	270855.4	288571.5	341176.4	366336.0	444168.1	476337.7	539679.8	584310.5	695088.9
Median	150730.1	150647.4	187026.8	216456.6	239258.3	307731.0	356243.3	435681.1	456475.2	539995.5	634928.3	640069.7

① 粤港澳大湾区包括11个城市（下同）：广州、深圳、珠海、佛山、江门、肇庆、东莞、惠州、中山、香港、澳门。

续表

城市	2004	2005	2006	2007	2008	2009	2010	2011	2012	2013	2014	2015
Std. Dev.	207744.8	226562.7	227219.1	248584.8	260045.7	308019.8	274038.8	378721.1	395163.7	420881.5	440682.6	671758.2
Min	17056.9	17846.4	19762.4	22492.7	26881.6	35386.8	40426.2	45713.0	51471.2	61559.5	65754.4	69968.9
Max	747503.2	805045.9	827909.4	916340.5	967672.2	1162161.7	1036202.7	1437004.5	1502632.5	1598536.9	1660711.9	2541703.7

数据来源：国泰安数据库和世界银行。①

① 粤港澳大湾区中广东九市的数据来源于国泰安数据库，香港、澳门的数据来源于世界银行，并且按照年末人民币汇率换算成人民币。香港和澳门的金融机构人民币存贷款数据通过"总储蓄＋私人部门信贷"来近似求得。

性的差别：粤港澳大湾区人均金融机构人民币存贷款的平均值与其他两大湾区之间的绝对量差距在不断扩大，并且粤港澳同期平均值都是三大湾区中最高的。这表明粤港澳大湾区的金融资本较之其他两大湾区要充裕得多。图 4-8 是中国三大湾区人均金融机构人民币存贷款的标准差在 2004—2015 年之间的变化趋势。图中三条曲线有着不同的特征：粤港澳大湾区的波动性最大，2010 年出现了一个波谷，并且在 2014 年出现了急剧上升；环渤海大湾区最为稳定，一直处于平稳爬升的状态；沪杭甬大湾区也在 2010 年出现了一个波谷，但是此后平稳攀升，其波动性比粤港澳大湾区小，但是比环渤海大湾区大。粤港澳大湾区的标准差是三大湾区中最大的，并在 2015 年达到最顶峰，远远甩开了其他两大湾区，而沪杭甬和环渤海两大湾区的标准差非常接近，这意味着粤港澳大湾区金融资本虽然最为充裕，但是空间不均衡性也最大。因此在未来的湾区建设中，如何将充裕的金融资本在极度不均衡的空间中进行配置，将是粤港澳大湾区的一个难题。

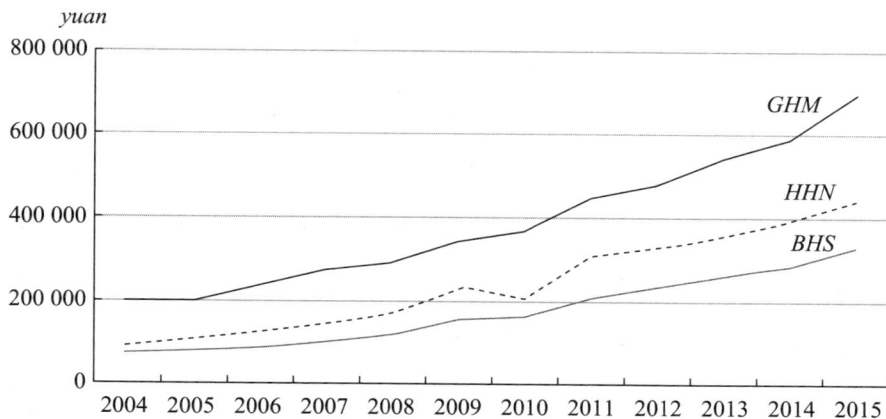

图 4-7　中国三大湾区人均金融机构人民币存贷款的平均值（2004—2015）

数据来源：国泰安数据库和世界银行。

注："GHM"表示粤港澳大湾区；"HHN"沪杭甬大湾区；"BHS"环渤海大湾区。

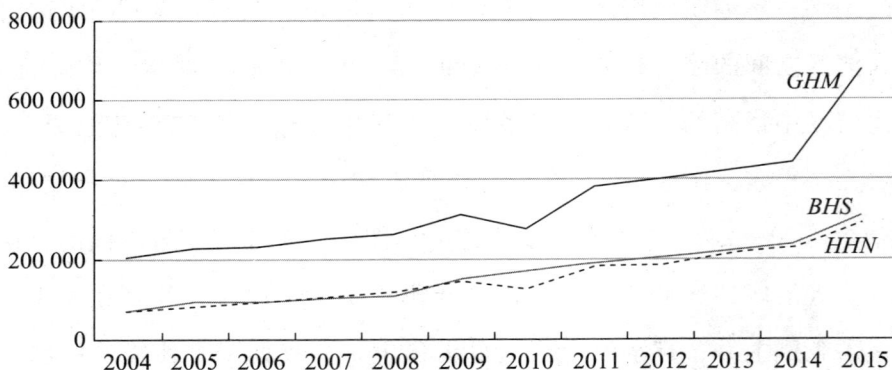

图 4-8 中国三大湾区人均金融机构人民币存贷款的标准差（2004—2015）

数据来源：国泰安数据库和世界银行。

注："GHM"表示粤港澳大湾区；"HHN"沪杭甬大湾区；"BHS"环渤海大湾区。

四、实证检验

（一）模型、变量与数据

本书进行实证检验的基本模型来自第二部分中的（34）式：

$$\ln(yt) = \ln A + \alpha \ln k_t + \beta \ln d_t \tag{35}$$

不过本书采用的是中国进入工业化后期以来 2004—2015 年三大湾区的面板数据，因而需要对（35）式进行扩展，扩展之后的计量模型按照检验的目的划分为以下两组：

检验湾区之间的金融效率差异性：

$$ln(y_{it}) = lnA + \alpha lnk_{it} + \beta lnd_{it} + u_{it} \tag{36}$$

$i =$ 北京，天津，唐山……（环渤海大湾区 13 个城市）

$t =$ 2004，2005，……，2015

$$ln(y_{it}) = lnA + \alpha lnk_{it} + \beta lnd_{it} + u_{it} \tag{37}$$

$i=$ 上海、苏州、杭州……（沪杭甬大湾区 10 个城市）

$t=2004，2005，……，2015$

$$ln(y_{it}) = lnA + \alpha lnk_{it} + \beta lnd_{it} + u_{it} \tag{38}$$

$i=$ 广州、深圳、香港……（粤港澳大湾区 11 个城市）

$t=2004，2005，……，2015$

检验湾区内部金融效率的不均衡性：

a. 环渤海大湾区

$$ln(y_{it}) = lnA + \alpha lnk_{it} + \beta lnd_{it} + u_{it} \tag{39}$$

$i=$ 环渤海大湾区高收入组别的城市

$t=2004，2005，……，2015$

$$ln(y_{it}) = lnA + \alpha lnk_{it} + \beta lnd_{it} + u_{it} \tag{40}$$

$i=$ 环渤海大湾区中等收入组别的城市

$t=2004，2005，……，2015$

$$ln(y_{it}) = lnA + \alpha lnk_{it} + \beta lnd_{it} + u_{it} \tag{41}$$

$i=$ 环渤海大湾区低收入组别的城市

$t=2004，2005，……，2015$

b. 沪杭甬大湾区

$$ln(y_{it}) = lnA + \alpha lnk_{it} + \beta lnd_{it} + u_{it} \tag{42}$$

$i=$ 沪杭甬大湾区高收入组别的城市

$t=2004，2005，……，2015$

$$ln(y_{it}) = lnA + \alpha lnk_{it} + \beta lnd_{it} + u_{it} \tag{43}$$

$i=$ 沪杭甬大湾区中等收入组别的城市

$t=2004，2005，……，2015$

$$ln(y_{it}) = lnA + \alpha lnk_{it} + \beta lnd_{it} + u_{it} \tag{44}$$

$i=$ 沪杭甬大湾区低收入组别的城市

$$t = 2004，2005，\cdots\cdots，2015$$

c. 粤港澳大湾区

$$ln(y_{it}) = lnA + \alpha lnk_{it} + \beta lnd_{it} + u_{it} \tag{45}$$

$i =$ 粤港澳大湾区高收入组别的城市

$$t = 2004，2005，\cdots\cdots，2015$$

$$ln(y_{it}) = lnA + \alpha lnk_{it} + \beta lnd_{it} + u_{it} \tag{46}$$

$i =$ 粤港澳大湾区中等收入组别的城市

$$t = 2004，2005，\cdots\cdots，2015$$

$$ln(y_{it}) = lnA + \alpha lnk_{it} + \beta lnd_{it} + u_{it} \tag{47}$$

$i =$ 粤港澳大湾区低收入组别的城市

$$t = 2004，2005，\cdots\cdots，2015$$

第一组计量模型用来检验三大湾区之间金融效率的差异，即 β 的估计值在中国三大湾区之间的差异。在检验过程中，对三大湾区分别采用面板数据进行检验，截面变量是三大湾区各自包含的城市，时间变量为中国进入工业化后期以来的 2004—2015 年。第二组计量模型用来检验三大湾区内部金融效率的不均衡性。在检验过程中将三大湾区内部的城市划分成高收入城市、中等收入城市、低收入城市三个组别，然后分别估计三个组别的 β，通过比较 β 的估计值在三个组别的差异来判断湾区内部金融效率的不均衡性。

对于计量模型中的变量及样本数据，做如下说明。

人均总产出（y_{it}），我们用人均 GDP 来衡量，这也是一个通行的做法。三大湾区 2004—2015 年人均 GDP 的数据来源于国泰安数据库。

人均物质资本（k_{it}），我们用人均固定资产投资来衡量。三大湾区 2004—2015 年人均固定资产投资的数据来源于国泰安数据库，其中香港和澳门的数据来源于世界银行，并按照年末美元兑人民币的汇率换算成人民币。

人均金融资本（d_{it}），我们用人均金融机构人民币存贷款来衡量。三大湾区 2004—2015 年人均金融资本的数据来源于国泰安数据库，其中香港和澳门的数据用"总储蓄＋私人部门信贷"来替代，数据来源于世界银行，并按照年末美元兑人民币的汇率换算成人民币。

表 4-10 是对计量模型中各变量按照三大湾区分别做的描述性统计。

表 4-10　变量的描述性统计

Variable		Mean	Std. Dev.	Min	Max	Observations
环渤海大湾区（13 个城市）						
lny_{it}	overall	10.93484	0.6629422	9.191833	12.10852	$N = 156$
	between	—	0.5362349	9.704724	11.64597	$n = 13$
	within	—	0.4151519	10.03443	11.60879	$T = 12$
lnk_{it}	overall	10.35962	0.7758565	8.375147	11.99426	$N = 156$
	between	—	0.5317239	9.195769	11.06693	$n = 13$
	within	—	0.5824842	8.99414	11.3545	$T = 12$
lnd_{it}	overall	11.72902	0.870379	9.605055	14.05626	$N = 156$
	between	—	0.728463	10.36489	13.33669	$n = 13$
	within	—	0.5143549	10.79022	12.69102	$T = 12$
沪杭甬大湾区（10 个城市）						
lny_{it}	overall	11.0689	0.5754263	9.670603	12.28972	$N = 120$
	between	—	0.4079133	10.53173	11.73472	$n = 10$
	within	—	0.4243855	10.09963	11.78424	$T = 12$
lnk_{it}	overall	10.36997	0.5607582	8.967446	11.6661	$N = 120$
	between	—	0.3310059	9.693316	10.86899	$n = 10$
	within	—	0.4636947	9.235251	11.41374	$T = 12$

Variable		Mean	Std. Dev.	Min	Max	Observations
沪杭甬大湾区（10 个城市）						
lnd_{it}	overall	12.09818	0.8083238	10.33248	13.90082	$N = 120$
	between	—	0.624285	11.32199	13.15175	$n = 10$
	within	—	0.5474315	11.05155	13.00297	$T = 12$
粤港澳大湾区（11 个城市）						
lny_{it}	overall	11.63149	0.9434944	9.338229	13.26638	$N = 132$
	between	—	0.8870178	10.04152	12.79521	$n = 11$
	within	—	0.4116412	9.926785	12.30328	$T = 12$
lnk_{it}	overall	10.47038	0.747864	8.21728	11.70165	$N = 132$
	between	—	0.6031942	9.341467	11.19908	$n = 11$
	within	—	0.475404	8.806417	11.44938	$T = 12$
lnd_{it}	overall	12.39353	1.074197	9.744309	14.74835	$N = 132$
	between	—	1.006047	10.46525	13.98616	$n = 11$
	within	—	0.4761908	10.5889	13.21215	$T = 12$

（二）三大湾区之间金融效率的差异性

对中国三大湾区自工业化后期以来的 2004—2015 年的面板数据按照三大湾区分别进行实证检验，结果如表 4-11 所示。面板数据模型有三种：混合模型（Pooled Model）、固定效应模型（Fixed Effect Model）、随机效应模型（Random Effect Model）。在环渤海大湾区的估计结果中，Hausman 检验值为 2.92，其 P 值为 0.2326，没有通过显著性检验，而 B-P 检验值为 356.25，其 P 值为 0.0000，在 1% 的显著性水平上显著。因此根据 Hausman 检验和 B-P 检验的结果进行判断，对环渤海大湾区采用随机效应模型更为有效，随机效应的估计结果中，金融资本回归系数 β 的估计值是 0.382357，并且在 1% 的显著性水平上显著，意味着金融资本增加 1 单位会使产出增加 0.382357%，也即产出的金融资本弹性系数为 0.382357，这便是环渤海大湾区工业化后期（2004—2015）金融效率的估计值。

在沪杭甬大湾区的估计结果中，Hausman 检验值是 0.37，其 P 值为 0.8296，没有通过显著性检验，进一步观察 B-P 检验，B-P 检验值是 362.22，其 P 值为 0.0000，在 1% 的显著性水平上显著。因此从 Hausman 检验和 B-P 检验的结果进行判断，对沪杭甬大湾区采用随机效应模型更有效，随机效应估计结果中，金融资本回归系数 β 的估计值是 0.507377，并且在 1% 的显著性水平上显著，意味着金融资本增加 1 单位会使产出增加 0.507377%，也即产出的金融资本弹性系数为 0.507377，这便是沪杭甬大湾区工业化后期（2004—2015）金融效率的估计值。

在粤港澳大湾区的估计结果中，Hausman 检验值为 −3.43，是一个负数，进一步观察 B-P 检验，B-P 检验值为 317.33，其 P 值为 0.0000，在 1% 的显著性水平上显著。因此从 Hausman 检验和 B-P 检验的结果进行判断，对粤港澳大湾区采用随机效应模型更为有效，随机效应估计结果中，金融资本回归系数 β 的估计值是 0.660699，并且在 1% 的显著性水平上显著，意味着金融资本增加 1 单位会使产出增加 0.660699%，也即产出的金融资本弹性系数为 0.660699，这便是沪杭甬大湾区工业化后期（2004—2015）金融效率的估计值。

将三大湾区工业化后期的金融效率（financial efficiency）进行对比，如图 7 所示。图中显示粤港澳大湾区的金融效率最高（0.660699），沪杭甬大湾区居中（0.507377），环渤海大湾区垫底（0.382357）。三大湾区在工业化后期的金融效率存在较大差异，粤港澳大湾区的金融效率是环渤海大湾区的 1.73 倍，是沪杭甬大湾区的 1.30 倍。这反映出来的一个现实是：在未来的大湾区建设过程中，三大湾区有着不同的演进路径，粤港澳大湾起点较高，以破除行政性壁垒（例如货币一体化）为主要任务；沪杭甬大湾区的金融效率居中，将以加强区域金融合作为主要任务；环渤海大湾区起点最低，未来将从夯实内部各个城市的金融效率做起，然后再进阶到区域金融合作，因此环渤海大湾区的建设路径较之其他两大湾区要更为曲折。

表 4-11　三大湾区的面板估计结果

lny_{it}	环渤海大湾区			沪杭甬大湾区			粤港澳大湾区		
	混合模型	固定效应模型	随机效应模型	混合模型	固定效应模型	随机效应模型	混合模型	固定效应模型	随机效应模型
lnk_{it}	0.595773	0.308336	0.368756	0.380662	0.306789	0.315949	0.517482	0.180663	0.192907
	(0.000)	(0.000)	(0.000)	(0.000)	(0.000)	(0.000)	(0.000)	(0.000)	(0.000)
lnd_{it}	0.235949	0.447622	0.382357	0.463339	0.515139	0.507377	0.505131	0.665592	0.660699
	(0.000)	(0.000)	(0.000)	(0.000)	(0.000)	(0.000)	(0.000)	(0.000)	(0.000)
_cons	1.995402	2.490419	2.629978	1.515875	1.655274	1.654178	−0.047096	1.490845	1.423282
	(0.000)	(0.000)	(0.000)	(0.000)	(0.000)	(0.000)	(0.884)	(0.000)	(0.000)
R-sq: within	—	0.9580	0.9576	—	0.9805	0.9805	—	0.9319	0.9319
R-sq: between	—	0.8197	0.8582	—	0.9181	0.9191	—	0.9112	0.9126
R-sq: overall	0.9168	0.8727	0.8927	0.9539	0.9520	0.9525	0.9259	0.9139	0.9148
F test	—	47.64	—	—	40.20	—	—	56.20	—
		(0.0000)			(0.0000)			(0.000)	

续表

lny_{it}	环渤海大湾区			沪杭甬大湾区			粤港澳大湾区		
	混合模型	固定效应模型	随机效应模型	混合模型	固定效应模型	随机效应模型	混合模型	固定效应模型	随机效应模型
Hausman test	—	2.92 (0.2326)	—	—	0.37 (0.8296)	—	—	—3.43	—
B-P test	—	—	356.25 (0.0000)	—	—	362.22 (0.0000)	—	—	317.33 (0.0000)

注：（）中的数值是回归系数的 P 值。

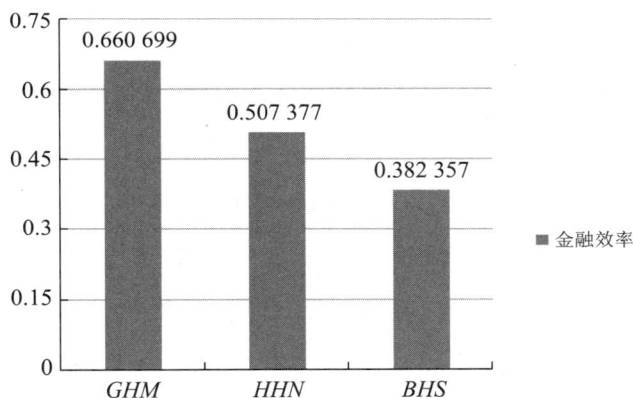

图 4-9　中国三大湾区在工业化后期金融效率的比较

数据来源：表 4-11。

注："GHM"表示粤港澳大湾区；"HHN"沪杭甬大湾区；"BHS"环渤海大湾区。

（三）三大湾区内部金融效率的不均衡性

将每一个湾区的城市按照人均 GDP 划分成高收入组、中等收入组、低收入组三个组别，然后对每一个湾区按照三个组别进行实证检验，以此来考察每个湾区内部不同组别在金融效率上的差异性。三大

湾区各自的分组实证检验结果反映在下面的表 4-12、表 4-13 和表
4-14 中。

表 4-12 是环渤海大湾区工业化后期以来（2004—2015）三个组别
的城市实证检验的结果。在高收入组的估计结果中，Hausman 检验值
是 3.92，其 P 值为 0.1406，没有通过显著性检验，进一步观察 B-P 检
验，B-P 检验值为 108.58，其 P 值为 0.0000，在 1% 的显著性水平上显
著。因此根据 Hausman 检验和 B-P 检验进行判断，对高收入组采用随
机效应模型进行估计更为有效，随机效应估计结果中，金融资本回归
系数 β 的估计值是 0.355257，并且在 1% 的显著性水平上显著，意味着
金融资本增加 1 单位会使产出增加 0.355257%，也即产出的金融资本
弹性系数为 0.355257，这便是环渤海大湾区工业化后期（2004—2015）
高收入组金融效率的估计值。

在中等收入组的估计结果中，Hausman 检验值为 1.82，其 P 值为
0.4027，没有通过显著性检验，进一步观察 B-P 检验，B-P 检验值是
99.93，其 P 值为 0.0000，在 1% 的显著性水平上显著。因此根据
Hausman 检验和 B-P 检验的结果，对中等收入组采用随机效应模型进
行实证检验更为有效，随机效应的估计结果中，金融资本回归系数 β 的
估计值是 0.324541，并且在 1% 的显著性水平上显著，意味着金融资本
增加 1 单位会使产出增加 0.324541%，也即产出的金融资本弹性系数
为 0.324541，这便是环渤海大湾区工业化后期（2004—2015）中等收
入组金融效率的估计值。

在低收入组的估计结果中，Hausman 检验值为 0.05，其 P 值为
0.9767，没有通过显著性检验，在考察 B-P 检验，B-P 检验值为
173.53，其 P 值为 0.0000，在 1% 的显著性水平上显著。于是根据
Hausman 检验和 B-P 检验的结果，对低收入组采用随机效应模型进行

实证检验更为合适，在随机效应估计结果中，金融资本回归系数 β 的估计值是 0.307896，并且在 1％ 的显著性水平上显著，意味着金融资本增加 1 单位会使产出增加 0.307896％，也即产出的金融资本弹性系数为 0.307896，这便是环渤海大湾区工业化后期（2004—2015）中等收入组金融效率的估计值。

将环渤海大湾区三个组别的金融效率进行对比，如图 4-10 所示。图中显示，三个组别之间的金融效率存在差异（高收入组＞中等收入组＞低收入组），但是这种差异并不大，高收入组的金融效率（0.355257）仅仅比低收入组（0.307896）高出 15.4％，这表明环渤海大湾区工业化后期的金融效率在具有较好的内部均衡性，组别之间的差异性不大。

表 4-12　环渤海湾区内部三大组别的面板估计结果①

lny_{it}	高收入组			中等收入组			低收入组		
	混合模型	固定效应模型	随机效应模型	混合模型	固定效应模型	随机效应模型	混合模型	固定效应模型	随机效应模型
lnk_{it}	0.581166	0.344567	0.414179	0.640112	0.463777	0.504604	0.376056	0.34187	0.340158
	(0.000)	(0.000)	(0.000)	(0.000)	(0.000)	(0.000)	(0.011)	(0.002)	(0.001)
lnd_{it}	0.184367	0.4347728	0.355257	0.132350	0.368820	0.324541	0.389242	0.305164	0.307896
	(0.000)	(0.000)	(0.000)	(0.004)	(0.000)	(0.000)	(0.021)	(0.023)	(0.000)
_cons	2.858199	2.316929	2.548066	2.731865	1.814701	1.904213	2.366471	3.62432	3.610896
	(0.000)	(0.000)	(0.000)	(0.000)	(0.000)	(0.000)	(0.001)	(0.000)	(0.000)
$R\text{-}sq$: $within$	—	0.9632	0.9625	—	0.9672	0.9670	—	0.9724	0.9724

① 环渤海大湾区高收入组的城市包括：北京、天津、东营、大连、青岛；中等收入组的城市包括：沈阳、烟台、威海、济南；低收入组的城市包括石家庄、秦皇岛、唐山、保定。

lny_{it}	高收入组			中等收入组			低收入组		
	混合模型	固定效应模型	随机效应模型	混合模型	固定效应模型	随机效应模型	混合模型	固定效应模型	随机效应模型
$R\text{-}sq$: between	—	0.2350	0.3386	—	0.0000	0.0112	—	0.8388	0.8385
$R\text{-}sq$: overall	0.9034	0.7925	0.8468	0.8877	0.8235	0.8453	0.8512	0.8511	0.8511
$F\ test$	—	28.26 (0.0000)	—	—	37.25 (0.0000)	—	—	152.69 (0.000)	—
$Hausman\ test$	—	3.92 (0.1406)	—	—	1.82 (0.4027)	—	—	0.05 (0.9767)	—
$B\text{-}P\ test$	—	—	108.58 (0.0000)	—	—	99.93 (0.0000)	—	—	173.53 (0.0000)

注：（）中的数值是回归系数的 P 值。

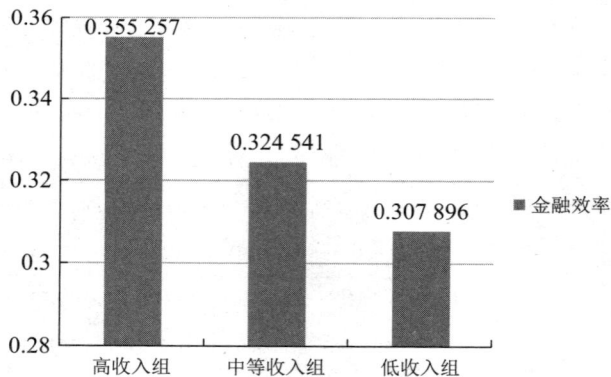

图 4-10　环渤海湾区内部三大组别金融效率的比较

数据来源：表 4-12。

表 4-13 是沪杭甬大湾区工业化后期（2004—2015）三个组别的实证检验结果。在高收入组的估计结果中，Hausman 检验值为 3.95，其

P 值为 0.1390，没有通过显著性检验，再进行 B-P 检验，B-P 检验值为 125.17，其 P 值为 0.0000，在 1％的显著性水平上显著。因此从 Hausman 检验和 B-P 检验的结果进行判断，对高收入组别采用随机效应模型更为合适，随机效应检验结果中，金融资本回归系数 β 的估计值是 0.561921，并且在 1％的显著性水平上显著，意味着金融资本增加 1 单位会使产出增加 0.561921％，也即产出的金融资本弹性系数为 0.561921，这便是沪杭甬大湾区工业化后期（2004—2015）高收入组金融效率的估计值。

在中等收入组的估计结果中，Hausman 检验值为 -860.46，是一个负数，B-P 检验值为 0.00，因此根据 Hausman 检验和 B-P 检验无法判断是采用固定效应模型还是采用随机效用模型。但是通过比较固定效应模型和随机效应模型的拟合优度发现，随机效应模型的三种拟合优度（组内、组间和总体）要稍微好于固定效应模型，尤其是组间 R^2，随机效应模型（0.5083）明显好于固定效应模型（0.1474），因此随机效应模型的估计结果要略优于固定效应模型。随机效应模型估计结果中，金融资本回归系数 β 的估计值是 0.623332，并且在 1％的显著性水平上显著，意味着金融资本增加 1 单位会使产出增加 0.623332％，也即产出的金融资本弹性系数为 0.623332，这便是沪杭甬大湾区工业化后期（2004—2015）中等收入组金融效率的估计值。

在低收入组的估计结果中，Hausman 检验值为 0.45，其 P 值为 0.7994，没有通过显著性检验，B-P 检验值为 0.00，因此根据 Hausman 检验和 B-P 检验无法判断固定效应模型、随机效应模型哪一种更为有效，但是同样比较拟合优度，可以认为随机效应模型的结果略优。在随机效应的估计结果中，金融资本回归系数 β 的估计值是 0.468437，并且在 1％的显著性水平上显著，意味着金融资本增加 1 单位会使产出增加 0.468437%，也即产出的金融资本弹性系数为 0.468437，这便是沪杭甬大湾区工业化后期（2004—2015）低收入组金融效率的估计值。

将沪杭甬大湾区工业化后期三个组别的金融效率进行对比，如图 4-11 所示。图中出现了与环渤海湾大湾区不一样的情况：金融效率最高的并非高收入组，而是中等收入组，排序是中等收入组＞高收入组＞低收入组。而且沪杭甬大湾区内部金融效率的不均衡性要大于环渤海大湾区，中等收入组的金融效率比低收入组高出 33.1%，超过了环渤海大湾区最高与最低的差距。

表 4-13　沪杭甬大湾区内部三个组别的面板估计结果①

lny_{it}	高收入组			中等收入组			低收入组		
	混合模型	固定效应模型	随机效应模型	混合模型	固定效应模型	随机效应模型	混合模型	固定效应模型	随机效应模型
lnk_{it}	0.632490	0.279393	0.309339	0.169873	0.364502	0.169873	0.318909	0.388990	0.318908
	(0.000)	(0.000)	(0.000)	(0.010)	(0.000)	(0.006)	(0.000)	(0.000)	(0.001)
lnd_{it}	0.349796	0.584687	0.561921	0.623332	0.453398	0.623332	0.468437	0.408425	0.468437
	(0.000)	(0.000)	(0.000)	(0.004)	(0.000)	(0.000)	(0.000)	(0.000)	(0.000)
_cons	0.318766	1.066319	1.039153	1.765652	1.760392	1.765652	2.085954	2.069869	2.085954
	(0.562)	(0.000)	(0.000)	(0.000)	(0.000)	(0.000)	(0.000)	(0.000)	(0.000)
R-sq: within	—	0.9789	0.9788	—	0.9877	0.9838	—	0.9836	0.9833
R-sq: between	—	0.2838	0.3241	—	0.1474	0.5083	—	0.8794	0.9373
R-sq: overall	0.9033	0.8384	0.8491	0.9677	0.9587	0.9677	0.9814	0.9798	0.9814

---

①　沪杭甬大湾区高收入组的城市包括：上海、苏州、杭州、宁波；中等收入组的城市包括：嘉兴、绍兴、舟山；低收入组的城市包括：湖州、台州、南通。

lny_{it}	高收入组			中等收入组			低收入组		
	混合模型	固定效应模型	随机效应模型	混合模型	固定效应模型	随机效应模型	混合模型	固定效应模型	随机效应模型
F test	—	65.67 (0.0000)	—	—	25.30 (0.0000)	—	—	2.75 (0.0797)	—
Hausman test	—	3.95 (0.1390)	—	—	−860.46	—	—	0.45 (0.7994)	—
B-P test	—	—	125.17 (0.0000)	—	—	0.00 (1.0000)	—	—	0.00 (1.0000)

注：（）中的数值是回归系数的 P 值。

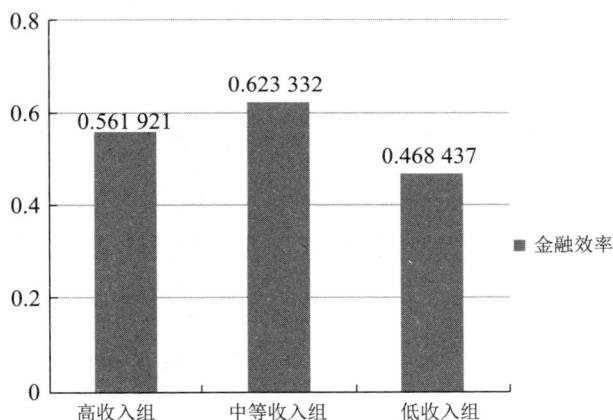

图 4-11 沪杭甬大湾区内部三个组别金融效率的比较

数据来源：表 13。

表 4-14 是粤港澳大湾区工业化后期（2004—2015）三个组别的实证检验结果。在高收入组的估计结果中，Hausman 检验值为 −136.40，是一个负数，B-P 检验值为 15.25，其 P 值为 0.0000，在 1% 的显著性水平上显著。因此根据 Hausman 检验和 B-P 检验的结果进行判断，随机效应模型更适合，在随机效应模型的估计结果中，金融资本回归系

数 β 的估计值是 0.149858，并且在 10％ 的显著性水平上显著，意味着金融资本增加 1 单位会使产出增加 0.149858％，也即产出的金融资本弹性系数为 0.149858，这便是粤港澳大湾区工业化后期（2004—2015）高收入组金融效率的估计值。

在中等收入组的估计结果中，Hausman 检验值为 0.42，其 P 值为 0.8125，没有通过显著性检验，B-P 检验值为 41.68，其 P 值为 0.0000，因此根据 Hausman 检验和 B-P 检验的结果，随机效应模型更合适。在随机效应模型估计结果中，金融资本回归系数 β 的估计值是 0.387216，并且在 10％ 的显著性水平上显著，意味着金融资本增加 1 单位会使产出增加 0.387216％，也即产出的金融资本弹性系数为 0.387216，这便是粤港澳大湾区工业化后期（2004—2015）中等收入组金融效率的估计值。

在低收入组的估计结果中，Hausman 检验值为 －13.55，是一个负数，B-P 检验值为 0.00，因此根据 Hausman 检验和 B-P 检验无法确定该采用固定效应模型还是随机效应模型。不过通过比较拟合优度发现，随机效应的拟合优度略微占优，于是我们最终还是选择随机效应模型。在随机效应模型的估计结果中，金融资本回归系数 β 的估计值是 0.516959，并且在 1％ 的显著性水平上显著，意味着金融资本增加 1 单位会使产出增加 0.516959％，也即产出的金融资本弹性系数为 0.516959，这便是粤港澳大湾区工业化后期（2004—2015）低收入组金融效率的估计值。

将粤港澳大湾区工业化后期三个组别的金融效率进行比较，如图 4-12 所示。图中展示了与前两大湾区完全不同的现象：出现了一个倒金字塔结构，金融效率的排序为：低收入组＞中等收入组＞高收入组。收入越高的组别，金融效率越低。并且在内部不均衡程度上，粤港澳大湾区也是最大的，低收入组的金融效率是高收入组的 3.4 倍，这种差距远远超过了环渤海大湾区和沪杭甬大湾区。这给我们展示了粤港澳大湾区金融效率的一个立体化形象：粤港澳大湾区总体的金融效率非常好，在三大湾区中最高，但是其内部不均衡程度也最高，并且出现了一个倒金字塔结构。这告诉我们粤港澳大湾区建设不应仅仅关注它在整体性上体现出的优势，还要关注它在内部出现的极度不均衡性。通过探索缩小这种内部不均衡性的途径（例如货币一体化）来推进粤港澳大湾区的未来进程，将是一个不容忽视的议题。

表 4-14　粤港澳大湾区内部三个组别的面板估计结果[①]

	高收入组			中等收入组			低收入组		
lny_{it}	混合模型	固定效应模型	随机效应模型	混合模型	固定效应模型	随机效应模型	混合模型	固定效应模型	随机效应模型
lnk_{it}	1.026658	0.116757	0.968290	0.206442	0.557357	0.530078	0.301676	0.104907	0.301675
	(0.000)	(0.141)	(0.000)	(0.213)	(0.002)	(0.001)	(0.000)	(0.432)	(0.000)
lnd_{it}	0.121071	0.688758	0.149858	0.683786	0.361552	0.387216	0.516959	0.722417	0.516959
	(0.125)	(0.000)	(0.061)	(0.000)	(0.024)	(0.009)	(0.000)	(0.000)	(0.000)
$\_cons$	−0.395183	2.024918	−0.139213	.928214	1.252918	1.219934	1.845716	1.481141	1.845716
	(0.691)	(0.001)	(0.889)	(0.111)	(0.009)	(0.008)	(0.000)	(0.022)	(0.000)
R-sq：within	—	0.8992	0.6757	—	0.9343	0.9343	—	0.9701	0.9682
R-sq：between	—	0.2785	0.9353	—	0.5992	0.6092	—	0.9282	0.9878
R-sq：overall	0.7929	0.4695	0.7921	0.8894	0.8769	0.8788	0.9691	0.9558	0.9691

---

① 粤港澳大湾区高收入组的城市包括：香港、澳门、广州、深圳；中等收入组的城市包括：珠海、佛山、东莞、中山；低收入组的城市包括：惠州、江门、肇庆。

lny_{it}	高收入组			中等收入组			低收入组		
	混合模型	固定效应模型	随机效应模型	混合模型	固定效应模型	随机效应模型	混合模型	固定效应模型	随机效应模型
$F\ test$	—	72.14 (0.0000)	—	—	14.00 (0.0000)	—	—	8.71 (0.001)	—
$Hausman\ test$	—	−136.40	—	—	0.42 (0.8125)	—	—	−13.55	—
$B\text{-}P\ test$	—	—	15.25 (0.0000)	—	—	41.68 (0.0000)	—	—	0.00 (1.0000)

注：( ) 中的数值是回归系数的 P 值。

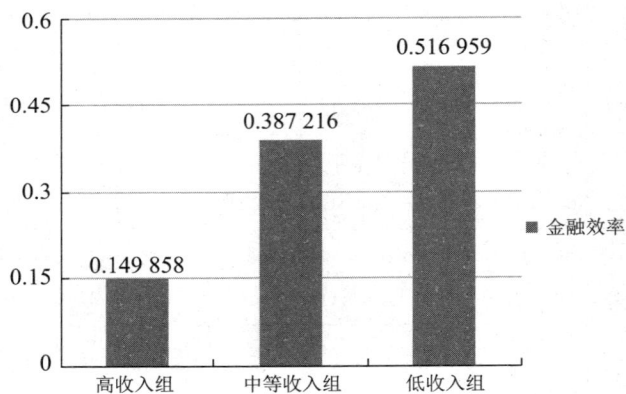

图 4-12　粤港澳大湾区内部三个组别金融效率的比较

数据来源：表 4-14。

五、本章结论与启示

在未来中国经济的空间格局中，粤港澳、沪杭甬、环渤海三大湾区将扮演重要角色。本书以金融效率为视角，对工业化后期以来

148

（2004—2015）中国三大湾区进行观察和比较，以期为三大湾区的未来发展提供参考。

本书以 AK 模型为逻辑起点，将金融资本从物质资本中分离出来，从而构建了内生增长的金融资本模型。对金融资本模型进行跨期动态优化，找到了金融资本最优解的鞍点路径，并进而探讨了投入产出视角下最优金融效率的特征。这便是本书提出来的观察金融效率的一个跨期动态均衡设想。

对金融资本模型做进一步的演化，建立了估计金融效率的计量模型。金融效率被定义为产出的金融资本弹性，也即计量模型中金融资本的回归系数。为了分别检验三大湾区之间金融效率的差异性和每个湾区内部金融效率的不均衡性，计量模型被划分成了两组，实证检验也随之按照两个步骤进行。

在对三大湾区之间金融效率的差异性进行实证检验的过程中，将三大湾区工业化后期（2004—2015）的面板数据按照三个湾区分别进行实证检验。实证检验的结果为：环渤海大湾区工业化后期金融效率的估计值为 0.382357，沪杭甬大湾区工业化后期金融效率的估计值为 0.507377，粤港澳大湾区工业化后期金融效率的估计值为 0.660699。三大湾区在工业化后期的金融效率存在较大差异，粤港澳大湾区的金融效率是环渤海大湾区的 1.73 倍。

在对三大湾区内部金融效率的不均衡性进行实证检验的过程中，将每一个湾区的城市按照人均 GDP 划分成高收入组、中等收入组、低收入组三个组别，然后对每一个湾区按照三个组别进行实证检验，以此来考察每个湾区内部不同组别在金融效率上的差异性。环渤海大湾区工业化后期以来（2004—2015）三个组别的城市实证检验的结果为：高收入组金融效率的估计值为 0.355257，中等收入组金融效率的估计值为 0.324541，低收入组金融效率的估计值为 0.307896。环渤海大湾区工业化后期的金融效率具有较好的内部均衡性，组别之间的差异性不大。

沪杭甬大湾区工业化后期（2004—2015）三个组别的实证检验结果为：高收入组金融效率的估计值为 0.561921，中等收入组金融效率的估计值为 0.623332，低收入组金融效率的估计值为 0.468437。沪杭甬大湾区内部金融效率的不均衡性要大于环渤海大湾区，金融效率最高的并非高收入组，而是中等收入组，中等收入组的金融效率比低收入组高出 33.1%。

粤港澳大湾区工业化后期（2004—2015）三个组别的实证检验结果为：高收入组金融效率的估计值为 0.149858，中等收入组金融效率的估计值为 0.387216，低收入组金融效率的估计值为 0.516959。粤港澳大湾区内部金融效率呈现了一个倒金字塔结构，金融效率的排序为：低收入组＞中等收入组＞高收入组。收入越高的组别，金融效率越低。并且在内部不均衡程度上，粤港澳大湾区也是最大的，低收入组的金融效率是高收入组的 3.4 倍，这种差距远远超过了环渤海大湾区和沪杭甬大湾区。

从以上实证检验结果，本书得到了以下启示。

大湾区建设没有固定的模式，而且存在阶段性特征，因而需要因地制宜，提出不同的建设路径。粤港澳大湾区整体的金融效率远远高于环渤海大湾区和沪杭甬大湾区，但是其内部的不均衡性也是最高的。金融效率整体与结构的严重不对称有可能导致粤港澳大湾区未来面临诸多的困境，例如金融资源的割据、金融行政性壁垒固化、金融保护主义的抬头等。在这种情况下，探索缩小粤港澳大湾区金融效率内部不均衡性程度的途径显得尤为重要，例如货币一体化的尝试、资本账户的进一步放开等。

由于粤港澳大湾区在金融效率上表现出了与环渤海大湾区和沪杭甬大湾区极大的差异性，这告诉我们，未来的环渤海大湾区和沪杭甬大湾区建设将循着一条与粤港澳大湾区极度差异化的路径前行。与粤港澳大湾区相比，环渤海大湾区和沪杭甬大湾区有着更为优越的先天条件：统一的货币、统一的行政体制、长久以来的区域合作基础等。但是环渤海大湾区和沪杭甬大湾区的金融效率整体水平低于粤港澳大湾区，这意味着环渤海大湾区和沪杭甬大湾区与粤港澳大湾区处于不同的发展阶段，发展阶段的差异决定了大湾区建设承担的历史使命和重点工作也会存在差异。因此，环渤海大湾区和沪杭甬大湾区未来的演进轨迹将呈现出许多新的特征。

粤港澳大湾区内部金融效率出现的倒金字塔结构值得关注，高收入组的金融效率最低，这给未来调控粤港澳大湾区内部金融效率的不均衡性提供了一条思路：如何进一步扩大金融效率的空间溢出效应，即创造更为便利的条件让较高收入城市的金融资本更为积极地流向较低收入的城市。既然收入越低的城市金融效率越高，那么将较高收入城市的金融资本流向低收入城市后将带来更多的产出。

参考文献

按照文献首次出现在本书中的顺序排列：

[1]   Ayres，R. U. Industrial Metabolism：Theory and Policy [A]. Allenby，B. R.，Richards，D. J. The Greening of Industrial Eco-systems [C]. Washington：National Academy Press，1994.

[2]   Frosch，R. A.，Gallopulos，N. E. Strategies for Manufacturing [J]. Scientific American，1989，261 (3).

[3]   Suh，S.，Lee，K. M.，Ha，S. Eco-efficiency for Pollution Prevention in Small to Medium-Sized Enterprises：A Case from South Korea [J]. Journal of Industrial Ecology，2005，9 (4).

[4]   Seppalaa，J.，Melanen，M.，Maenpaa，L.，etc. How Can the Eco-efficiency of a Region be Measured and Monitored [J]. Journal of Industrial Ecology，2005，9 (4).

[5]   Bringezu，S. Economy-wide Material Flow Accouts and Balances and Derives Indicators of Resource Use [R]. Working Paper，2001.

[6]   Odum，H. T. Environmental Accounting：Emerge and Deci-

sion Making ［M］. John Wiley & Sons，1996.

[7] World Business Council for Sustainable Development. Eco-effi-ciency：Creating More Value with Less Impact ［M］. UK：North Yorkshire，2000：1-2.

[8] World Business Council for Sustainable Development. Measuring Eco-efficiency：A Guide to Reporting Company Performance ［M］. UK：North Yorkshire，2000：8-9.

[9] Hanssen，O. Sustainable Product Systems-experiences Based on Case Projects in Sustainable Product Development ［J］. Journal of Cleaner Production，1999，7 (1)：27-41.

[10] Peter Townsend. The International Analysis of Poverty ［M］. London：Harvest Wheatsheaf，1993：30.

[11] B. Seebohm Rowntree. Poverty：A Study of a Town Life ［M］. Bristol：Policy Press，2000：182-221.

[12] Jeni Klugman（ed.）. A Sourcebook for Poverty Reduction Strate-gies ［M］. Washington，D. C.：The World Bank，2002：30.

[13] S. Ringen. Direct and Indirect Measurements of Poverty ［J］. Journal of Social Policy，1988，Vol. 17.

[14] B. Seebohm Rowntree. Poverty：A Study of a Town Life ［M］. Bristol：Policy Press，2000：110.

[15] World Bank. World Development Report：Poverty ［M］. Wash-ington D. C.：The World Bank，1990：26-27.

[16] Tony Atkinson etc. Social Indicators：The EU and Social Inclu-sion ［M］. Oxford：Oxford University Press，2002：6.

[17] 陆根尧，盛龙，唐辰华. 中国产业生态化水平的静态与动态分

析 [J]. 中国工业经济，2012，(3)：147-159.

[18]　世界银行. 世界发展报告：与贫困作斗争 [M]. 北京：中国财政经济出版社，2001：10-44.

[19]　Townsend，P. Poverty in the Kingdom：A Study of the Household Resource and Living Standard [M]. London：Allen Lane and Penguin Books，1979：37-39.

[20]　Jalan，J. and Ravallion. Is Transient Poverty Different? Evidence from Rural China [J]. Journal of Development Studies，2000，(6)：82-89.

[21]　McKay，A. and Lawson，D. Assessing the Extent and Nature of Chronic Poverty in Low Income Countries and Evidence [J]. World Development，2003，31 (3)：425-439.

[22]　Matsuyama K. Structural Change in an Independent World：A Global View of Manufacturing Decline [J]. Journal of the European Economic Association，2009，7 (2-3)：478-486.

[23]　Jaffe，A. B.，Peterson，S. R.，Portney，P. R.，and Stavins R. N. Environmental Regulation and the Competitiveness of U. S. Manufacturing：What Dose the Evidence Tell Us [J]. Journal of Economics Literature，1995，(33)：132-63.

[24]　George Psacharopoulos. Returns to Education：A Further International Update and Implications [J]. The Journal of Human Resources，1985，20 (4)：583-604.

[25]　刘孝斌. 法治水平的区域比较及空间溢出效应 [J]. 首都经济贸易大学学报，2015，17 (2)：81-88.

[26]　Bart Verspagen，I de Loo. Technology Spillovers Between Sectors

and Over Time [J]. Technological Forecasting and Social Change，1999，60 (1)：215-235.

[27] 刘孝斌. 选择性迁移、创新集聚与经济转型升级 [J]. 甘肃行政学院学报，2014，(2)：81-91.

[28] J. Y. Lin and B. Chen. Urbanization and Urban-Rural Inequality in China：A New Perspective from the Government's Development Strategy [J]. Frontiers of Economics in China，2011，6 (1)：1-21.

[29] Branstetter L. Is Foreign Direct Investments a Channel of Knowledge Spillovers? Evidence from Japan's FDI in the United States [R]. NBER Working Paper，NO. 8015，2000.

[30] H. Yan，Q. Shen，L. C. H. Fan，et al. Greenhouse Gas Emission in Building Construction：A Case Study of One Peking in Hong Kong [J]. Building and Environment，2010，45 (4)：949-955.

[31] Clark，T. Do Producer Prices Lead Consumer Prices? [J]. Economic Review，1995：25-39.

[32] Boarnet，Marlon G. Spillovers and Locational Effects of Public Infrastructure [J]. Journal of Regional Science，1998，(38)：381-400.

[33] Solow，R. M. A Contribution to the Theory of Economic Growth [J]. Quarterly Journal of Economics，1956，70 (1)：65-94.

[34] 汪习根. 论法治中国的科学含义 [J]. 中国法学，2014 (2)：108-122.

[35] 江必新，王红霞. 法治社会建设论纲 [J]. 中国法学，2014

（1）：140-157.

［36］ 张文显. 法治与国家治理现代化 ［J］. 中国法学，2014（4）：5-26.

［37］ 周尚君. 地方法治试验的动力机制与制度前景 ［J］. 中国法学，2014（2）：50-64.

［38］ 蔡吉甫. 法治、政府控制与公司投资效率 ［J］. 当代财经，2012（5）：62-72.

［39］ 王向. 法治环境、城市化对生产性服务业发展的影响——基于省级面板数据的经验研究 ［J］. 产经评论，2013（3）：16-26.

［40］ 姜磊，黄川. 法治水平与服务业发展关系的实证检验 ［J］. 统计与决策，2008（23）：79-81.

［41］ 卢峰，姚洋. 金融压抑下的法治、金融发展和经济增长 ［J］. 中国社会科学，2004（1）：42-55.

［42］ 毛伟. 法治政府建设对经济增长的贡献及测算 ［J］. 浙江学刊，2013（6）：80-83.

［43］ 陆根尧，盛龙，唐辰华. 中国产业生态化水平的静态与动态分析 ［J］. 中国工业经济，2012（3）：147-159.

［44］ 刘孝斌. 工业化后期背景下生态化与贫困化的阶段性审视——基于省级面板数据的实证分析 ［J］. 软科学，2015（12）：56-59.

［45］ 吕贝尔特. 工业化史 ［M］. 上海：上海译文出版社，1983：79-87.

［46］ 库兹涅茨. 现代经济增长 ［M］. 北京：北京经济学院出版社，1989：12-25.

［47］ Chenery H. B.，Syrquin M. Patterns of Development，1950-1970 ［M］. Oxford：Oxford University Press，1975：21-26.

[48] Chenery H. B. , Elkstein H. , Sims C. A uniform analysis of development patterns [R]. The United States：Harvard University Centre for international Affair，1970.

[49] Solow R. M. Technical change and the aggregate production function [J]. The Review of Economics and Statistics，1957 (39)：312-320.

[50] Jungmittag A. Innovation dynamics in the EU：Convergence or divergence? A cross-country panel data analysis [J]. Empirical Economics，2006 (31)：313-331.

[51] Furman J. L. , Porter M. E. , Stern S. The determinants of national innovative capacity [J]. Research Policy，2002，31 (6)：899-933.

[52] Porter M. , Stern S. Measuring the 'Ideas' Production Function：Evidence from International Patent Output [R]. New York：NBER 2000：7891.

[53] Crevoisier，O. Innovation and the City，in Making Connection [J]. Technological Learning and Regional Economic Change，1998：61- 77.

[54] Prahalad，C. K. , Hanel，G. The Core Competence of the Corporation [J]. Harvard Business Review，1990 (3)：79- 91.

[55] 崔宇明，代斌，王萍萍. 产业集聚的技术溢出效应研究——基于人力资本的门限非线性估计 [J]. 华中科技大学学报（社会科学版），2013，27 (4)：

[56] 李平，田朔. 市场需求对技术创新的门限特征分析 [J]. 经济问题探索，2014，(10)：18-25.

［57］ Hansen，B. E. Inference when a nuisance parameter is not i-dentified under the null hypothesis ［J］. Econometrica，1996，64（2）：413-430.

［58］ Hansen，B. E. Threshold effects in non‐dynamic panels：estimation，testing，and inference ［J］. Journal of Econometrics，1999，93（2）：345-386.

［59］ Hansen，B. E. Sample splitting and threshold estimation ［J］. Econometrica，2000，68（3）：575-603.

［60］ 李倩. 基于动态空间面板模型的中国区域创新集聚研究 ［J］. 中国经济问题，2013，（6）：56-64.

［61］ Acs Z. J.，Anselin L.，Varga A. Patents and innovation counts as measures of regional production of new knowledge ［J］. Research Policy，2002，31（7）：1069-1085.

［62］ Amin，A.，Robins，K. The re-emergence of region economics? the mythical geography of flexible accumulation environment and planning ［J］. Society and Space，1990（8）：7-34.

［63］ Audertsch D. B. Agglomeration and the location of innovation activity ［J］. Oxford Review of Economic Policy，1998，14（2）.

［64］ Vandenbussche J.，Aghion P. and Meghir C. Growth，distance to frontier and composition of human capital ［J］. Journal of Economic Growth，2006（11）.

［65］ Caglayan M.，and R. I. Munoz Torres. The effect of the exchange rates and external exposure ［J］.

［66］ Seppalaa，J.，Melanen，M.，Maenpaa，L.，etc. How can the eco-efficiency of a region be measured and monitored ［J］. Journal of Industrial Ecology, 2005, 9 (4).

[67] Chenery H. B., Syrquin M. Patterns of development, 1950-1970 [M]. Oxford: Oxford University Press, 1975: 21-26.

[68] Chenery H. B., Elkstein H., Sims C. A uniform analysis of development patterns [R]. The United States: Harvard University Centre for International Affair, 1970.

[69] J. Y. Lin and B. Chen. Urbanization and urban-rural inequality in China: a new perspective from the government's development strategy [J]. Frontiers of Economics in China, 2011, 6 (1): 1-21.

[70] Shaw, E. S. Financial deepening in economic development [M]. NY: Oxford University Press, 1973.

[71] Goldsmith, R. W. Financial structure and development [M] Yale University Press, New Haven, CT, 1969.

[72] McKinnon, R. I. Money and capital in economic development [M]. Washington: Brookings Institution, 1973.

[73] Goldsmith, R. Financial Structure and Development [M]. Yale University Press: New Haven, 1969.

[74] Eugene Fama. Efficient Capital Market: A Review of Thoery and Empirical Work [J]. Journal of Finance, 1970, 25 (2), 383-417.

[75] Ross Levine. Financial Development and Economic Growth: Views and Agenda [J]. Social Science Electronic Publishing, 1997, 35 (2), 688-726.

[76] Mckinnon, R. Money and Capital in Economic Development [M].

Washington D. C. ：Brookings Institution，1973.

[77] Shaw，E. Financial Deepening in Economic Development [M]. New York：Oxford University Press，1973.

[78] Merton，R.，Z. Bodie. The Global Financial System：A System：A Functional Perspective [M]. Harvard Business School Press，1995.

[79] Diamond，D.，P. Dybving. Bank Runs，Deposit Insurance，and Liquidity [J]. Journal of Political Economy，1983，91（3），401-419.

[80] Greenwood，J.，B. Jovanovic. Fiancial Development，Growth，and the Distribution of Income [J]. Journal of Polical Economy，1990，98（5），1076-1107.

[81] Bencivenga，V.，B. Smith. Financial Intermediation and Endogeneous Growth [J]. Review of Economic Studies，1991，58（2），195-209.

[82] Bencivenga，V.，B. Smith，R. Star. Transaction Cost，Technological Choice，and Endogenous Growth [J]. Journal of Economic Theory，1995，67（1），153-177.

[83] Levine，R. Stock Markets，Growth，and Tax Policy [J]. Journal of Finance，1991，46（4），1445-1465.

[84] Diamond，D. Financial Intermediation and Delegated Monitoring [J]. Review of Economic Studies，1984，51（3），393-414.

[85] Diamond，D. Monitoring and Reputation：The Choice between Bank Loans and Directly Placed Debt [J]. Journal of Political Economy，

1991，99（4），689-721.

[86]　Blackburn，K.，V. Hung. A Theory of Growth Financial Development and Trade［J］. Economica，1998，65（257），107-124.

[87]　Laurea Alfaroa. FDI and Econimic Growth：the Role of Local Financial Market［J］. Journal of International Economics，2004（5），91-120.

[88]　Robert Niels. Foreign Direct Investment，Financial Development and Economic Growth［J］. The Journal of Development Studies，2013（40）：100-163.

[89]　Weiguo Chen，Hongwei Zhang. Financial Development and Economic Growth - An Empirical Test Based on Chinese Data from 1952 to 2007［J］. Modern Economic Science，2008（3），49-56.

[90]　Zhiqiang Wang，Gang Sun. Chinese experience in financial develop scale，structure，efficiency and economic growth analysis ［J］. Management World，2003（7），13-20.

[91]　Jun Shen. Theory Framework of Financial Efficiency and an Empirical Study of China´s Financial Efficiency［J］. Finance Forum，2003（7），2-7.

[92]　Pagano，M. Financial Markets and Growth：An Overview［J］. European Economic Rewiew，1993，37（2-3），613-622.

[93]　Jones，L. E.，R. Manuelli. A Convex Model of Equilibrium Growth：Theory and Policy Implications［J］. Journal of Political Economy，1990（98），1008-38.